Der wissende Spiegel

D1672359

MANTICUS

Der wissende Spiegel

Wahrsagen und Magie mit dem Schwarzspiegel

Ansata

Ansata Verlag
Ansata ist ein Verlag der Verlagsgruppe
Random House GmbH

ISBN 978-3-7787-7317-8

3. Auflage 2008
Copyright © 2006 by Ansata Verlag, München,
in der Verlagsgruppe Random House GmbH
Alle Rechte sind vorbehalten.
Printed in China.
Einbandgestaltung: Reinert & Partner, München
Gesetzt bei Leingärtner, Nabburg
Druck und Bindung: Anpak Printing Ltd., Hongkong

INHALTSVERZEICHNIS

EINFÜHRUNG

Es war eine laue Sommernacht. Im dunklen Spiegel des Weihers funkelten die Sternen wider. Ab und an kräuselte ein leiser Wind die Wasserfläche. Dann schien es, als rieselte Sternenstaub auf das Wasser. Kristalina saß am Ufer auf einer Bank und träumte zum Lichterspiel auf dem nachtschwarzen Wasserspiegel vor sich hin. Ihre Gedanken hingen der Begegnung mit dem netten Jungen nach. Sie hatte ihn auf dem Fest zuvor zum ersten Mal gesehen, und doch war er ihr so vertraut gewesen, als kenne sie ihn schon seit langem. Sie war von ihm so bezaubert gewesen, dass sie ihn nicht nach seinem Namen gefragt hatte. Von fern war die Musik des Festes zu hören. Ansonsten war es still um sie.

Kristalinas Blick ruhte weiter auf dem Wasser und sie spürte himmlischen Frieden an diesem lauschigen Platz. Es war ihr, als säße sie in einem großen Tempel, so sicher fühlte sie sich und so heilig war die Stimmung um sie herum. Mit einem Mal war es ihr, als schwebte eine kleine Flamme über dem Wasser. Sie schaute genauer hin und sah eine Nebelfahne, die aus dem Wasser aufzusteigen schien. Es schien ihr auch, als würde dieser Nebel in sich leuchten. Doch dann verschwand er schon wieder. Dafür schienen jetzt noch mehr Sterne auf dem Wasser zu tanzen.

Kristalina wurde warm ums Herz. Sie fragte sich nicht mehr, ob das, was sie sah, eine Täuschung sei. Sie freute sich schlicht an dem seltsamen Lichterspiel. Da sah sie das Gesicht des netten Jungen von vor-

hin im Wasser. Sie lächelte ihm zu und er erwiderte ihr Lächeln. Er reichte ihr die Hand und sagte, mein Name ist Frieder. Wieder funkelte das Wasser, dann war die Erscheinung vorbei. Kristalina stand auf und ging zurück zum Fest. Am Rande traf sie den jungen Mann. Er streckte ihr die Hand entgegen und meinte: »Verzeih mir, ich hatte mich nicht vorgestellt, mein Name ist Frieder.«

Die Geschichte von Kristalina ist wahr. Sie und Frieder wurden ein Paar. Dass es so kommen würde, hatte sie an diesem Abend im Weiher gesehen. Kristalinas Geschichte ist auch nicht besonders ungewöhnlich. Vielen Menschen geschieht es, dass sie beim Blick auf eine spiegelnde Fläche Visionen haben, durch die sie ein anstehendes Problem lösen können. Häufig werden diese Visionen als solche gar nicht erkannt, da der magische Blick nicht bewusst geschieht, sondern eher als eine gedankliche Versunkenheit empfunden wird und sich als solche in der Erinnerung festsetzt.

Wo Sie jetzt darauf aufmerksam geworden sind, wird Ihnen womöglich bewusst, dass Ihnen solche hellsichtigen Reflexionen auch schon widerfahren sind. Damit betone ich gleichzeitig, dass es keiner besonderen magischen Talente bedarf, um mit einem wissenden Spiegel umgehen zu können. Die Begabung hierfür steckt in einem jeden von uns. Wir müssen ihr nur ein wenig Raum geben und uns einfach zutrauen, dass wir diese Sensibilität ausbilden können. Am ehesten gelingt uns dies, wenn wir spielerisch mit unserer grundsätzlichen Begabung umgehen und ihr dabei leichthin ihren Lauf lassen. Wollen wir darüber hinaus noch die sich während einer Spiegelschau manifestierenden Phänomene gründlich erforschen, besitzen wir mit Spiel und Wissbegierde die besten Voraussetzungen, diese magische Technik zu erlernen und auszubilden.

Diese Anleitung zum Spiegelsehen folgt dem Wissen, das mir mein Großvater beibrachte. Er war ein hoch geschätzter Seher, der auf den Märkten seiner Heimat für unzählige Menschen in den magischen Spiegel sah. Sie lernen so wie ich einst von ihm Schritt für Schritt den Umgang mit dem Zauberspiegel und werden, weiter vorwärtsschreitend, seine verschiedenen Anwendungen bald sicher beherrschen. Am Ende werden Sie mit Ihrem Zauberspiegel ein starkes magisches Instrument in Ihren Händen halten.

Historisches zum Zauberspiegel

Die Eigenschaft reflektierender Flächen, ihre Umwelt abzubilden, galt von jeher als magisch. In Vorzeiten, als der Mensch noch keine spiegelnden Materialien schaffen konnte, war das Wasser der einzige Spiegel, in dem wir uns und andere erkennen konnten. Diese Widerspiegelung war für unsere Vorfahren zweifellos ein wirkender Zauber. Im Spiegelbild spiegelte sich für sie die Seele wider. Unter Umständen war es gar die Seele selbst, die man in ihm sehen konnte. Da dies aber möglich war, konnte man durch einen Spiegel ebenso die Seelen der Ahnen und Mitmenschen erkennen. Man musste dazu nur den Spiegel befragen.

Im Märchen von Schneewittchen steht ein Zauberspiegel im Mittelpunkt des Geschehens. »Spieglein, Spieglein an der Wand« wird er befragt. Er schmeichelt darauf der Königin und nährt alsbald ihre Eifersucht, indem er die Wahrheit spricht, dass Schneewittchen noch tausendmal schöner ist als sie. Auch verrät er der bösen Stiefmutter, wo sie Schneewittchen finden kann. Demzufolge ist ein Zauberspiegel ein wissender Spiegel, der zudem nicht lügen kann.

Diese Eigenschaft macht einen magischen Spiegel zu einem außerordentlichen Zaubermittel. Weil er sich nicht manipulieren lässt, ist das, was wir im Spiegel sehen, die Wahrheit. Dies war ein Grund, warum Kinder früher häufig als Assistenten für den Magier in einen Spiegel sahen. Denn hier galt die Volksweisheit »Kindermund tut Wahrheit kund« in zweifacher Weise, indem Spiegel wie Kind nicht lügen konnten. Andererseits wusste man auch, dass es auf die richtige Frage ankommt, um die rechte Antwort zu erhalten. Den Spiegel zu befragen ist demnach auch eine eigene Kunst.

Bis heute sind in der magischen Praxis wässrige Spiegel in Gebrauch. Meistens sind diese wässrigen Zauberspiegel Tintenspiegel. Dazu wird etwas dunkle Tinte in einen flachen Teller gegossen. Der Magier fixiert darauf die dunkel glänzende Fläche. Die Spiegelungen in ihr sowie ihre diffuse Tiefe regen die Hellsicht an. Auf der Oberfläche des Tintenspiegels nimmt der Magier Bilder zur befragten Angelegenheit wahr.

Derartige Tintenspiegel sind den ursprünglichen Wasserspiegeln in typischer Weise nahe. Eine dunkle Wasserfläche reflektiert ihre Umgebung viel besser als ein klares Gewässer. Somit besaß ein Wasserspiegel im Zwielicht unter Zweigen oder in der Dämmerung eher magische Eigenschaften. Aus diesem Grund waren, noch ehe der erste Spiegel von Menschenhand geschaffen wurde, dunkle Spiegelflächen das Übliche für den magischen Gebrauch. Die ersten richtigen Spiegel wurden aus Silber gefertigt. Ihre polierte Fläche glich einem vom Mond beschienenen Wasserspiegel. Der Mond war ein Allwissender, der die Geheimnisse der Nacht beschien und die Träume der Menschen kannte. Symbolisch wirkte in einem solchen Silberspiegel die wässrige Kraft des Mondes fort. Zudem dunkelte der Spiegel rasch, wenn er nicht geputzt wurde; dann glich er einem stillen Wasserspiegel in sternklarer Nacht. Seit Menschengedenken werden daher einem dunklen Spiegel, häufig auch Schwarzspiegel genannt, magische Eigenschaften nachgesagt. Aus diesem Grund werden durchscheinende reflektierende Gegenstände, zum Beispiel Bergkristalle oder Glaskugeln, sobald man sie zum Wahrsagen benützt, auf ein schwarzes Tuch gesetzt. Ein solch dunkler Hintergrund verleiht der Kugel oder dem Kristall ähnlich dem Wasser eine spiegelnde Oberfläche und geheimnisvolle Tiefe. Ein gewöhnlicher Haushaltsspiegel ist darum nur eingeschränkt für die Spiegelmagie geeignet. Wer dennoch mit einem solchen Spiegel arbeiten möchte, müsste ihn vor einem schwarzen Hintergrund aufstellen oder ihn mit Gaze verschleiern.

Spiegelsehen ist demnach auch ein Schattensehen. Diese begriffliche Verknüpfung blieb bis ins Mittelalter hinein sogar wörtlich erhalten, da man damals ein Spiegelbild auch als Schatten bezeichnete. Mit diesem Wissen erklären sich auch die Mythen um Zauberschüler, die ihren Schatten dem Teufel verkauften, um magische Mächtigkeit zu erlangen. Der verkaufte Schatten war ihr Spiegelbild und zugleich ihre Seele. Sie waren danach so seelenlos wie Vampire, die bekanntlich in Spiegeln gleichfalls nicht zu sehen sind.

Ein dunkler Wasserspiegel spielt auch in gnostischen Schöpfungsmythen eine gewichtige Rolle. Die Gnostiker besaßen besondere magische Kenntnisse, da sie versuchten, das Göttliche durch Zauber und Beschwörung sichtbar zu machen. Sie glaubten, dass die eigentliche Seele des Menschen ein göttlicher Funke sei, der sich in der Dunkelheit irdischer Tiefe verloren habe. Nach der geheimnisumwitterten Schrift des Hermes Trismegistos, auf den sich viele Magier beriefen, entstand der erste Mensch durch den Widerschein des göttlichen Lichts über den dunklen Wassern der Erde. Das mit Schlamm vermischte Wasser nahm das göttliche Licht in sich auf und schöpfte aus sich den Menschen als ein Abbild Gottes. Entsprechend dieser Sichtweise ist ein dunkler Spiegel ein Hort der Wahrheit, da in ihm das göttliche Licht verborgen ist.

Im magischen Spiegel ist demzufolge nicht nur Wahrheit, sondern auch ein Teil göttlicher Wirklichkeit. Da liegt es nahe, dass sich mithilfe eines Spiegels auch Mittlerwesen, sprich Dämonen, beschwören lassen. Dämonen waren in der Antike, in der diese Form der Spiegelbeschwörung aufkam, von überwiegend guter Natur. Man sah in ihnen Engelwesen und vergessene Götter. Dass Dämonen auch teuflische Züge besitzen, so wie dies heute überwiegend angenommen wird, ist eine relativ junge Auffassung, die sich erst in der Renaissance verfestigte. Die Beschwörung von Dämonen mithilfe eines Zauberspiegels war darum in dieser Zeit auch eine mit dem Tode bedrohte Straftat.

Grundsätzlich meiden jedoch böse Geister einen Zauberspiegel. Es sei denn, sie werden vom Magier ausdrücklich in den Spiegel gerufen. Andernfalls müssen böse Geister befürchten, beim Anblick ihrer Schrecklichkeit zu erstarren und zu sterben. Deswegen gilt ein Schwarzspiegel in der weißen Magie als eine starke Zauberwaffe, mit der sich böse Geister und dunkle Kräfte bannen lassen. Im antiken Griechenland erzählte man sich von einem drachenähnlichen Mischwesen, in dem sich alles Böse vereinte. Man nannte dieses Untier Basilisk, was übersetzt »kleiner König« bedeutet. Dieses Wesen mit Hahnenkopf und Schlangenleib besaß den bösen Blick und einen faulen Atem. Was der Basilisk ansah, wurde augenblicklich zu Stein, und was er behauchte, erstickte auf der Stelle. Ein Basilisk war am besten mit einem Silberspiegel zu bezwingen. Man musste sich an ihn anschleichen und ihm, sobald er einem den Blick zuwandte, den Spiegel vorhalten. In diesem Augenblick würde das böse Wesen selbst versteinern. Alexander der Große soll einen Basilisken dank seiner spiegelnden Rüstung bezwungen haben.

Dieser Mythos basiert auf einem elementaren Abwehrzauber. Er ist der Grund, warum zum Beispiel rund um den Globus an Volkstrachten Spiegelpailletten genäht werden. Sie sollen das Böse abhalten und dauerhaft bannen. Tauchen auf den Pailletten dunkle Punkte auf, gelten diese als Spuren besonders übler Blicke, die sich in den Spiegel brannten.

Weil sich mit Spiegeln gute wie schlechte Geister beschwören lassen, liegt die Vorstellung vom Spiegel als einer Tür zwischen dem Diesseits und dem Jenseits nahe. Bei manchen Spiegelmeditationen wird dieser Wechsel zwischen den verschiedenen Sphären bewusst herbeigeführt. Erwähnenswert sind hier die Steine Urim und Thummim, die im alten Testament erwähnt werden. Es waren vermutlich polierte Edelsteine. Sie sollen als Brustschild die Kleidung des Hohen Priesters geschmückt haben. In dieser Form sind sie unverkennbar ein Abwehrzauber. Gleichzeitig werden sie auch als ein Spiegelmedium beschrieben, dank dem der Priester der göttlichen Offenbarung zuteil werden konnte. Hier wirkten die glänzenden Steine als Durchgang zu höheren Sphären.

Bei anderen Begebenheiten soll ein möglicher Wechsel durch einen Spiegel in eine jenseitige Dimension bewusst vermieden werden. So wurden und werden bei einem Trauerfall die Spiegel im Haus verhängt, damit sich die Seele des Verstorbenen in ihnen nicht verfängt oder sie durch den Spiegel ins Diesseitige wechselt und womöglich nicht mehr zurückfindet.

Da Zauberspiegel als wissend galten, wurden sie auch häufig zur Schatzsuche eingesetzt. Die Hoffnung, einen Schatz zu finden, trieb die Menschen durch alle Zeiten hindurch um. Heute machen sich Schatzsucher allerdings eher mit Minensuchern und Radargeräten auf, um wertvolle Hinterlassenschaften aufzustöbern. In vergangenen Zeiten wurden dagegen zur Schatzsuche Zauberspiegel für sehr viel Geld gehandelt.

Eine Verbindung zur Magie des Spiegels findet sich übrigens auch heute noch im Sprachgebrauch. So bezeichnet man in Wien einen Schminktisch mit Spiegelaufsatz als Psyche oder Seele. Je nachdem ob der Spiegel Flügel besitzt, gibt es einteilige, zweiteilige oder dreiteilige Psychen.

Formen der Spiegelmagie

Ein Zauberspiegel ist ein magischer Seismograph, dank dem wir energetische Schwingungen und magische Bewegungen in verschiedenen Sphären wahrnehmen können. Mit ihm lassen sich diese Schwingungen ansprechen und lenken. Insofern deckt ein Zauberspiegel alle relevanten magischen Praktiken ab. Er bietet speziell zu nachstehend skizzierten Anlässen magischen Beistand. Diese Praktiken der Spiegelmagie werden in den folgenden Kapiteln ausführlich erläutert und durch Übungen vertieft.

○   WAHRSAGEN. Der Spiegel wird zum Medium, das die Zeit aufhebt. Alles, was geschieht, bereits geschehen ist und noch geschehen wird, kann im Spiegel beobachtet und hinterfragt werden.

○   ZWIESPRACHE. Der Zauberspiegel bietet sich als telepathische Station an, durch die man mit anderen Personen geistige Verbindung aufnehmen kann. Ebenso können sich ferne Personen über den Spiegel mitteilen.

○   GEISTREISEN. Der Zauberspiegel wird in meditativer Weise als Konzentrationspunkt genützt. Hierdurch wird es möglich, allein durch seinen Geist andere Orte aufzusuchen, dort zu verweilen und zu wirken.

○   GEISTWESEN. Über den magischen Spiegel kann man mit Verstorbenen in Verbindung treten, um Trost zu finden und zu spenden. Ebenso kann man mit ihm die Kräfte von Zauberwesen aktivieren und sich zur Unterstützung holen.

○   LIEBESZAUBER. Durch den Spiegel lassen sich Gefühle ansprechen und verdichten. Der Spiegel wird zu einem Kondensator, der die aufgenommene Kraft verstärkt weitergibt.

○   SCHUTZENGEL. Der Spiegel erlaubt es uns, mit unserem Schutzengel in Kontakt zu treten beziehungsweise ihn zu erkennen. Hierdurch gewinnen wir Zuversicht und Stärke.

○   SCHUTZSCHILD. Der Spiegel schafft einen behüteten Raum, indem er negative Kräfte zurückwirft. In dieser Weise kann der Spiegel Räume und magische Rituale abschirmen.

○   REINIGUNG. Negative Kräfte werden mit dem Spiegel erkannt, über die Spiegelfläche gebunden und schließlich aus der Welt geschafft. In gleicher Weise können auch Räume und Gegenstände geklärt werden.

○   ENERGIEN LENKEN. Über den Spiegel werden magische Energien angesprochen, gebündelt und auf ein Ziel gelenkt, an dem sie dann konzentriert wirken. Hierdurch lassen sich Personen und Situationen beeinflussen.

○   SPIEGELWERK. Auf den Spiegel wird ein Zauber übertragen. Der Spiegel wirkt darauf wie eine magische Spieluhr, die den Zauber beständig wiederholt.

○   SELBSTERKENNTNIS. Der Spiegel wird zum Medium, über das man sich selbst in die Seele blickt, um seine Licht- und Schattenseiten zu erkennen.

DIE HANDHABUNG
DES ZAUBERSPIEGELS

Die Weihe des Spiegels

Ein Zauberspiegel ist kein Badezimmerspiegel, in den jeder blicken kann, der will. Er ist ein magisches Instrument, das mit Ihnen eng verbunden ist. Durch den Umgang mit ihm laden Sie den Spiegel mit Ihrer Schwingung auf. Der Spiegel bewahrt diese Schwingung. Sobald Sie mit dem Spiegel arbeiten, knüpfen Sie an das auf ihn übertragene magische Potenzial an. Hierdurch gewinnt seine magische Kraft von Mal zu Mal an Stärke. Aus diesem Grund sollten Sie Ihren Spiegel niemand anderem zugänglich machen. Geschieht dies trotzdem, empfiehlt es sich, den Spiegel zu reinigen und erneut zu weihen. Durch die Weihe des Spiegels machen Sie ihn sich zu Eigen und stimmen ihn auf Ihre Schwingung ein. Gleichzeitig reinigen Sie ihn von möglichen Anhaftungen fremder Energien.

Warten Sie auf den Abend und ziehen Sie sich alsdann zur Vorbereitung der Spiegelweihe an einen ruhigen Ort zurück. Zünden Sie eine Kerze an und stellen Sie eine Schale mit Wasser auf. Legen Sie zudem einen silbernen Gegenstand in das Wasser, es kann ein Schmuckstück sein, ein Besteck oder eine alte Silbermünze. Kerze, Wasser und Silber symbolisieren gemeinsam die Mondkräfte, die grundsätzlich mit einem Zauberspiegel verbunden sind. Die lunaren Energien unterstützen die Spiegelschau und die Intuition.

Die Kerze symbolisiert die Kraft des Lichtes und der Weisheit, die Ihnen bei der Deutung Ihrer Sicht zur Seite stehen soll. Wasser ist sowohl sanft als auch gewaltig und somit ein Zeichen für die Zaubermacht. Es wird vom Mond gehoben und weiß somit um die lunare Energie, die die Nacht erhellt und hierdurch Unwissenheit verdrängt. Silber ist ein uraltes Mondsymbol. Es besitzt reinigende Kraft und weist schlechten Zauber ab.

Wischen Sie mit einem frisch gewaschenen und gebügelten weißen Tuch den Spiegel und den Sockel von allen Seiten ab. Damit entfernen Sie anhaftende Kräfte und neutralisieren die beiden Gegenstände.

Streichen Sie nun mit Ihren Händen sanft über den Spiegel. Und sprechen Sie dazu:

> *Dies, mein Spiegel, ist die Kraft,*
> *die du zu bewahren hast.*
> *Ich, mein Spiegel, bin dein Meister,*
> *dem zu gehorchen hast.*
> *Mir, mein Spiegel,*
> *bist du Bote, dem du zu berichten hast.*
> *Hier, mein Spiegel, ist die Kraft,*
> *die du zu beschützen hast.*

Wickeln Sie danach den Spiegel in ein zweites frisches weißes Tuch und legen Sie ihn mit der Spiegelseite nach unten in ein Fenster. Dort lassen Sie ihn über Nacht unberührt liegen. Am Morgen legen Sie Ihre linke Hand – sie ist die magische Hand, weil sie dem Herzen näher ist – auf den eingewickelten Spiegel und wiederholen den Spruch. Lassen Sie darauf den Spiegel weiterhin unberührt im Fenster liegen, bis insgesamt 24 Stunden verstrichen sind.

Jetzt nehmen Sie den Spiegel aus dem Fenster und wickeln ihn aus dem Tuch. Wischen Sie nun ein weiteres Mal mit Ihren Händen um den Spiegel und wiederholen Sie dazu den Weihespruch zum dritten Mal. Anschließend stellen Sie den Spiegel in seinem Sockel vor sich auf einen Tisch. Blicken Sie auf die schwarze Spiegelfläche und schicken Sie dem Spiegel einen positiven Gedanken. Sie werden spüren, wie Ihnen der Spiegel antwortet. Es wird Sie dabei eine angenehme Stimmung erfassen, und Sie werden beginnen, eine Beziehung zu dem Spiegel herzustellen. Finden Sie für diese stimmungsvolle Beziehung ein Wort. Schauen Sie dazu in den Spiegel. Denken Sie aber nicht über ein Wort nach. Wiederholen Sie vielmehr die Wörter, die Ihnen wie von selbst in den Sinn kommen. Rasch werden Sie das Schlüsselwort finden. Sie erkennen es daran, dass es spürbare Kraft besitzt und die entstandene Stimmung merklich unterstreicht. Von nun an wird dieses Wort das Zauberwort sein, mit dem Sie die Kraft des Spiegels für sich erschließen. – »Rose« war das Schlüsselwort meines Großvater, das er stets flüsterte, sobald er seinen Spiegel aktivierte. Haben Sie das Schlüsselwort Ihrem Spiegel zugeflüstert, ist seine Weihe abgeschlossen. Er ist nun ihr ganz persönlicher Zauberspiegel.

Den Spiegel pflegen ∞

Ihr Zauberspiegel ist von nun an kein beliebiger Gegenstand mehr, sondern ein magisches Instrument, das mit magischer Kraft geladen ist. Diese Kraft sollten Sie bewahren. Sie vermehrt sich, wenn Sie öfters mit dem Spiegel arbeiten. Sie erhalten Sie, wenn Sie mit Ihrem Spiegel sorgsam umgehen.

Lassen Sie deswegen den Spiegel nicht ohne Aufgabe offen stehen. Mit Aufgabe ist ein längerfristiger Zauber gemeint, zum Beispiel wenn Sie Heilkraft auf jemanden lenken oder Räume klären. Steht der Spiegel nur zur Zierde in Ihrem Zimmer, wird er auch bald zu einem Ziergegenstand werden, nett anzuschauen, aber ohne besondere Kraft. Bedecken Sie darum Ihren Zauberspiegel in den Pausen, in denen Sie nicht mit ihm arbeiten, mit einem Tuch. Arbeiten Sie über einen längeren Zeitraum nicht mit Ihrem Spiegel, legen Sie ihn am besten in eine Schatulle oder eine Schublade. Bedecken Sie ihn auch dort mit einem Tuch, und achten Sie darauf, dass er mit der Spiegelfläche nach unten liegt. Hierdurch schützen Sie Ihren Spiegel vor ungewollten Eindrücken und Energien. Es liegt in der Natur eines Zauberspiegels, dass er sehr sensibel auf magische Energien reagiert. Eine schlechte Stimmung im Raum, die sich in ihm spiegelt, kann bleibende Spuren in ihm hinterlassen und sich bei der nächsten Spiegelschau dementsprechend störend auswirken.

Ebenso wie Sie Ihren Spiegel mit seinem Zauberwort aufschließen, sollten Sie ihn auch nach der Arbeit mit ihm versiegeln. Dies geschieht einmal dadurch, dass Sie ihn mit einem Tuch sanft abwischen. In der Praxis wird dies das gleiche Tuch sein, in dem Sie ihn aufbewahren. Es sollte aus einem weichen und edlen Stoff sein. Ich bevorzuge ein schweres weißes Seidentuch mit einer silbernen Stickerei. Durch das Abwischen des Spiegels nehmen Sie von ihm schlechte Energien, die sich während der Sitzung an ihm anheften konnten. Sie neutralisieren den Spiegel und stimmen ihn wieder auf Ihre Energie ein. Bevor Sie den Spiegel verwahren, schlagen Sie drei Kreuze über ihm, oder Sie ziehen über dem Spiegel ein freihändiges Pentagramm, von der oberen Spitze beginnend zum rechten unteren Fuß und zeichnen es dann in einem Zug weiter über alle fünf Strahlen. Damit haben Sie den Spiegel versiegelt.

Bedanken Sie sich abschließend bei Ihrem Spiegel für seine Hilfe. Tun Sie dies durch eine eindeutige Geste und ein hörbares Wort. Hiermit gleichen Sie die Kräfte aus und setzen eine gute Stimmung, die Ihren Spiegel weiter veredelt. – Bedenken Sie, dass Ihr Spiegel von nun an Ihr magischer Begleiter sein wird. Seien Sie darum entsprechend behutsam mit ihm.

Den Spiegel aufstellen ∞

Die Zauberpraxis bestätigt, dass ein magischer Kraftplatz für die Wirkung eines Zaubers entscheidend ist. Je dichter die Atmosphäre an diesem Ort ist, desto besser gelingt ein Zauber und desto kräftiger ist seine Wirkung. Ein Kraftplatz entsteht dadurch, dass Sie Ihre magischen Rituale immer am gleichen Platz verrichten. Suchen Sie sich deshalb den Platz, an dem Sie Ihren Spiegel befragen oder mit ihm zaubern wollen, sorgfältig aus. Fühlen Sie sich an diesem Platz wohl, wird sich auch Ihr Spiegel an ihm wohl fühlen. Achten Sie zudem darauf, dass Sie an Ihrem Kraftplatz möglichst ungestört sind. Räuchern Sie öfters an Ihrem Kraftplatz. Hierdurch reinigen Sie ihn von diffusen Kräften und verfestigen die positive Stimmung, die er Ihnen vermittelt.

Achten Sie beim Aufstellen Ihres Zauberspiegels darauf, dass Sie ihn so ausrichten, dass Sie bei gerader Sitzhaltung bequem in ihn blicken können. Eventuell unterlegen Sie ihn, damit er etwas höher zu stehen kommt. Nehmen Sie dazu eine Schachtel, ein Glas oder einen anderen hübschen Gegenstand, jedoch kein Buch; Bücher besitzen durch ihren Inhalt eine eigentümliche Kraft, die sich störend auswirken kann. Auch sollten Sie den Spiegel nicht gegen ein Fenster ausrichten. Das helle Licht würde ihre Sicht durch Überblendungen einschränken. Stellen Sie ihn quer zum Fenster oder noch besser im Halbschatten auf.

Sie dürfen, wenn Sie für sich alleine mit dem Spiegel arbeiten, Kerzen und Räucherwerk anstecken. Jedoch sollten Sie auf Musik verzichten. Musik überdeckt die Ruhe, die sie finden sollten, um zu einer gelungenen Sicht zu gelangen. Musik hebt sie zudem in eine Sphäre, die nur selten mit der Spiegelsphäre übereinstimmt. Es könnte daher zu Dissonanzen kommen, die die Sicht verfälschen.

Zweitspiegel für das magische Ritual ∞

Ihr Zauberspiegel ist Ihr ganz persönlicher Spiegel, in den nur Sie blicken sollten. Andererseits gibt es genügend Gelegenheiten, zu denen man gemeinsam in einen Spiegel blicken will, oder ihn in ein gemeinsames Ritual einbauen möchte. Beispielsweise wenn Sie mit einem Freund nach Gründen für unterschiedliche Sichten suchen oder wenn Sie gemeinsam Energien lenken oder in einem Ritual eine Kraft anrufen wollen.

Für solche Fälle sollten Sie sich einen zweiten Spiegel zulegen. Auch diesen Spiegel sollten Sie weihen, allerdings weihen Sie ihn nicht für sich, sondern in einer allgemeinen Weise. Wischen Sie ihn mit einem reinen Tuch ab und legen Sie ihn am Abend für 24 Stunden mit der dunklen Fläche nach unten in ein Fenster.

Sprechen Sie dazu folgenden Weihespruch dreimal; das erste Mal, wenn Sie den Spiegel ins Fenster legen, dann am Morgen danach und zum letzten Mal am darauf folgenden Abend.

> *Mondin, senk dein Silberlicht*
> *in des Spiegels Auge Nacht.*
> *Dafür zeigt er das Gesicht*
> *und lädt mit deiner Macht*
> *den Zauber, der vor ihn gebracht.*

Zum Abschluss ziehen Sie über dem Spiegel ein Pentagramm (wie auf Seite 22 f. beschrieben) oder drei Kreuze. Danach können Sie diesen Spiegel für gemeinsame Rituale und Übungen verwenden. Er besitzt hierbei keineswegs weniger Zauberkraft. Was ihm fehlt, ist allein die Intimität, die Sie von Ihrem ganz persönlichen Spiegel her kennen.

Die Spiegelschau

Befremdlich und gleichzeitig spannend für den Beobachter wirken die Gesichter, die Hellseher oder Hexe offenbar haben, sobald sie den Spiegel fixieren. Sie können sich dann scheinbar spielend durch Vergangenheit, Gegenwart und Zukunft bewegen und Geschehnisse im Spiegel sehen und hinterfragen. Dass sie dabei nicht nur fabulieren, sondern tatsächlich Bilder sehen, bemerkt man spätestens dann, wenn sie von Dingen berichten, über die sie eigentlich nichts wissen können.

Es ist verständlich, dass Wahrsager, die damit ihr Geld verdienen, nicht verraten werden, dass es sich hierbei um eine ebenso vergleichbar schwierige Kunst wie das Lesen und Schreiben handelt. Denn das Spiegelsehen kann so gut wie jeder erlernen, man muss es nur entsprechend einüben. Je öfter man sich dieser Kunst widmet, desto sicherer wird man in ihr und desto rascher gelangt man zu verwertbaren Sichten. Ob man am Ende auch eine entsprechend starke Intuition und damit Wahrsagekraft entwickelt, ist sicher auch eine Frage der Begabung. Grundsätzlich besitzt aber jeder Mensch so viel Intuition, dass er für sich den Ablauf ihn betreffender Ereignisse seherisch vorwegnehmen kann. Die Spiegelschau fördert dabei die Eingebung erheblich, weil sie verborgene Gefühle, unbedachte Motive und energetische Bewegungen der Beteiligten sichtbar macht.

Die Praxis der Spiegelschau ∞

○ GEDANKEN FLIESSEN. Stellen Sie für eine erste Übung Ihren Spiegel an Ihrem Kraftplatz auf. Entspannen Sie sich und denken Sie an nichts Besonderes. Betrachten Sie das Arrangement Ihres Spiegels und seine Umgebung, schweifen Sie mit den

Augen hin und her, lassen Sie sie an einem schönen Punkt ruhen, blicken Sie aber noch nicht auf die dunkle Spiegelfläche. Lassen Sie Ihre Gedanken fließen. Betrachten Sie sie wie ein kleines Schiffchen in einem Bach. Verfangen sich die Gedanken an einem Gegenstand, und Sie beginnen zu sinnieren, stoßen Sie sie einfach wieder an, sodass sie wieder in Fluss geraten und mit dem Bach dahinplätschern. Allmählich werden die Gedanken leiser werden und vor sich hingleiten. Versuchen Sie nicht, Gedankenstille zu erreichen, dies führt nur zu Verkrampfung, und Sie würden sich noch mehr auf die Gedanken fixieren, die Sie eigentlich loslassen wollen.

○   RICHTIGES ATMEN. Achten Sie darauf, dass Sie gerade sitzen, dann werden Sie frei atmen und Ihre spirituellen Energien werden zu fließen beginnen. Schlagen Sie auch nicht Ihre Beine übereinander, Sie verknoten sonst nur Ihre Energie. Stellen Sie beide Füße auf den Boden. Freier Atem und freie Energie sind eins. Atmen Sie tief ein. Die Bauchdecke drückt dabei nach außen. Atmen sie langsam aus. Ihre Bauchdecke senkt sich wieder. Sie spüren, wie sich Ihr Sonnengeflecht, das ist das Nervennetz rund um Ihre Magengegend, förmlich mit Kraft auflädt. Mit jedem Atemzug kehrt mehr Ruhe in Sie ein.

○   DAS DRITTE AUGE ÖFFNEN. Mit dem kontrollierten Atem und der relativen Gedankenlosigkeit steigern Sie Ihre Sensitivität. Ihre Sinne werden schärfer. Denken Sie in dieser Phase an Ihr Drittes Auge, jene sensible Stelle über der Nasenwurzel, werden Sie fast im gleichen Moment spüren, wie es zu kribbeln anfängt. Dieses Phänomen nennen Hellseher »das Kribbeln der Ameise«. Es bedeutet, dass Ihr sechster Sinn hellwach ist und Sie nun einen besonderen Sinn für außersinnliche Kräfte haben. In dieser Phase spüren Sie zum Beispiel sofort die Qualität einer magischen Handlung, indem Sie das Gute oder Schlechte eines

Zaubers geradezu sinnlich wahrnehmen. Die Aktivität Ihres Dritten Auges ist Voraussetzung für Hellsicht und somit für das Gelingen der weiteren Schritte.

o   EIN OBERFLÄCHLICHER BLICK. Sobald Sie spüren, dass Sie zur Ruhe kommen und Ihre Gedanken leiser werden, blicken Sie in den Zauberspiegel. Sie sehen in der matt glänzenden schwarzen Scheibe die Umrisse Ihrer Umgebung. Betrachten Sie diese verschattete Spiegelung, und versuchen Sie zu deuten, was sie zeigt. Durch die Bestimmung der Schatten gewinnen Sie ein Gefühl für die Oberfläche des Spiegels. Sie besitzt tatsächlich etwas Oberflächliches, indem sie die Wirklichkeit schemenhaft zeigt und hierdurch die Tiefe verbirgt, in der sie unterhalb der Folie ankert. – Sie täuscht.
Diese Täuschung ist ebenso symbolisch. In der Scheibe entpuppt sich nämlich die Wirklichkeit als ein zerbrechliches Gebilde. Sie ist nur eine schwache Zeichnung über einem tiefen Grund. Bedenken Sie dies bei Ihrer weiteren Schau.

o   DER TIEFE BLICK. Bevor Sie mit dieser Übung fortfahren, denken Sie zunächst intensiv an eine Rose. Stellen Sie sich diese Rose bildhaft vor. Sie sollte praktisch vor Ihren Augen schweben.
Versuchen Sie nun, die Oberfläche des Spiegels zu durchdringen. Schauen Sie in die Tiefe des Spiegels. Hierbei verändert sich Ihre Blicktiefe von selbst. Sie müssen sich nicht darum bemühen. Es ist, als würden Sie einen Gegenstand hinter dem Spiegel fixieren. Sie gewinnen rasch den Eindruck, dass der Spiegel wirkliche Tiefe besitzt. Sie nehmen einen Raum hinter seiner Oberfläche wahr. Mit diesem tiefen Blick schauen Sie gleichsam in einen magischen Raum unter der Oberfläche.
Denken Sie nun wieder an die Rose. Rufen Sie das Bild aus Ihrem Gedächtnis ab. Sobald Sie es vor Ihrem geistigen Auge sehen,

projizieren Sie es auf den Spiegel. Hierzu blicken Sie tief in ihn hinein und suchen in seiner Tiefe das Abbild der Rose. Sie werden zunächst Umrisse, Farbfelder und Schatten Ihrer Vorstellung entdecken. Blicken Sie weiter auf der Suche nach Ihrer Rose in den Spiegel. Bewahren Sie Geduld, bleiben Sie entspannt, aufrecht sitzen und atmen Sie ruhig. Allmählich werden sich die Bildfetzen zusammenfügen und Sie werden die Rose beinahe so, als sei sie wirklich, vor Augen haben. Sie scheint unter der schwarzen Spiegelfolie zu liegen. – Stoßen Sie die Rose in Gedanken ein bisschen an, wird sie sich bewegen. Diese Bewegung können Sie mit Ihren Augen lenken, sodass Sie die Rose aus verschiedenen Perspektiven sehen werden.

Gelingt Ihnen diese Übung nicht auf Anhieb, unterbrechen Sie hier. Versuchen Sie es nach einer kleinen Pause erneut. Meist klappt es dann mit der Projektion. Sollte es Ihnen indes wieder nicht glücken, so versuchen Sie die Übung zunächst mit der Vorstellung an ein Dreieck zu wiederholen. Eine geometrische Figur lässt sich nämlich einfacher projizieren.

Zweck dieser Übung ist es, den Spiegel als einen Raum und nicht als Fläche zu begreifen. Die Folie ist nur ein Film über einem sehr tiefen Wasser. Was in dem See vor sich geht, spielt sich in seiner Tiefe und nicht auf seiner Oberfläche ab. Außerdem üben Sie mit der Projektion, sich die Bilder Ihrer Intuition vor Augen zu führen und ihnen Eigenständigkeit zu verleihen. Dies ist für die spätere Befragung Ihrer Sicht und für einige Rituale wichtig.

○   DER MAGISCHE BLICK. Konnten Sie die Rose sehen, beherrschen Sie die räumliche Dimension des Spiegels. Sie sehen die Bilder sowohl auf seiner Oberfläche als auch in seinem Inneren. Jetzt können Sie den letzten Schritt zur wahren Spiegelschau setzen. Dazu werden Sie in den Spiegel blicken, um Bilder aus seiner Tiefe aufsteigen zu lassen. Für dieses erste Mal sollen die Bilder noch gelenkt sein. Darum nehmen Sie sich vor, Ihr Glück zu sehen. Ihr Glück soll sich im Spiegel in seinen Farben und Formen zeigen. So lernen Sie es besser kennen und werden es auch bei passender Gelegenheit eher ergreifen können. Zudem werden Sie es danach durchaus zu locken wissen.

Stellen Sie links und rechts Ihres Spiegels zwei Kerzen auf. Ihr Licht soll Ihnen helfen, den Spiegel im Blick zu behalten. Entspannen Sie sich. Sitzen Sie aufrecht und atmen Sie tief und ruhig. Schließen Sie ein paar Atemzüge lang die Augen. Sammeln Sie sich und lassen Sie Ihre Gedanken frei fließen. Werden Sie sich der Ruhe an Ihrem Kraftplatz bewusst. Öffnen Sie die Augen und blicken Sie in den Spiegel vor sich. Sprechen Sie das Zauberwort, mit dem Sie Ihren Spiegel aufschließen, und blicken Sie tief in ihn hinein. Sobald Sie ein Gefühl für seine Tiefe haben, fixieren Sie in ihr einen Punkt. Schweifen Sie mit Ihrem Blick nicht mehr ab. Vermeiden Sie jedoch zu starren. Dies führt nur zu Verkrampfung, wodurch sich Ihre Sicht beschränkt.

Schon nach wenigen Augenblicken wird sich Ihre Sicht verändern. Ihr Blick verschwimmt. Sie sehen unterschiedlich tief, während sich die Oberfläche des Spiegels zu verändern beginnt. An ihrem Rand sehen Sie schwache Schleier und seine Tiefe gewinnt an Dunkelheit. Bald darauf wird sich die Sicht weiter verändern. Der Spiegel scheint nun zu pulsieren und etwas größer zu werden. Lassen Sie sich davon nicht irritieren, sondern behalten Sie Ihren Blick und Ihre innere Gelassenheit bei.

Gleichzeitig spüren Sie, wie Ihr Drittes Auge zu kribbeln beginnt. Auch Ihre Augen können zu tränen beginnen. Lassen Sie sich davon nicht abhalten. Blinzeln Sie öfters, das bringt Ihnen Erleichterung.

Nach einer Weile wird sich Ihr Blick erneut verändern. Sie werden nun aus der Tiefe Ihres Spiegels aufsteigende Nebelschwaden sehen, die über die Oberfläche streichen. Diese Veränderung wird sie womöglich erschrecken. Behalten Sie dennoch Ihre Sicht bei. Der Nebel wird sich verdichten und wie Wolken seine Gestalt rasch verändern, auch kann er sich schwach einfärben. Versuchen Sie nicht, seine Bewegungen festzuhalten. Bald darauf werden Sie kleine Funken in dem Nebel sehen, eventuell auch kurze Blitze. Beobachten Sie sie gelassen. Sie befinden sich nun kurz vor einer echten Vision. Der Nebel wird sich noch weiter verdichten und beinahe konkrete Formen annehmen, die sich aber rasch wieder verlieren werden.

Denken Sie nun an das Glück, das Sie sehen wollen. Der Nebel wird sich darauf schlagartig verflüchtigen und Sie sehen auf den Grund des Spiegels. Er scheint sich zu erhellen, und aus diesem Licht steigt Ihnen ein Bild entgegen, das sich in Farbe und Form verändert. Dies ist das Bild Ihres Glückes. Beobachten Sie es. Es wird sich wie bei einem Blick durch ein Kaleidoskop beständig verändern. Gleichwohl behält es seine grundlegende Struktur und Farbgebung bei.

Haben Sie Ihre Freude an diesem Bild gehabt, dann streichen Sie sich über Ihr Drittes Auge. Die Sicht wird sich daraufhin verlieren, und Sie sehen Ihren Zauberspiegel wieder so, wie er ist. Schließen Sie jetzt Ihre Augen und massieren Sie dazu leicht Ihr Drittes Auge. Sobald Sie wieder ganz bei sich sind, klatschen Sie dreimal in Ihre Hände und beenden damit die Sitzung.

○ BRILLE UND KERZE. Grundsätzlich gibt es keine Regeln dafür, ob man mit oder ohne Brille, bei Kerzenschein oder nicht in den Spiegel blicken soll. Manch einer meint, seine Sehschwäche sei für ihn bei der Spiegelschau ein Segen, weil er stärker gezeichnete Bilder in ihm sieht. Andere wieder blicken lieber durch ihre Brille in den Spiegel. Ebenso ist es mit dem Kerzenschein. Dem einen ist ihr Licht eine willkommene Modulation für seine Sicht, den anderen stört eben diese Lichtquelle und er setzt lieber auf das Licht im Raum. Dennoch sollten Sie möglichst eine Kerze zur Spiegelschau anzünden. Sie stiftet Ruhe und klärt zugleich den Raum, indem sie den Fluss der Energien begünstigt.

○   REGELN FÜR DIE SPIEGELSCHAU. Sie werden rasch merken, dass die Spiegelschau eine sehr individuelle Angelegenheit ist. So werden Sie bald Ihr persönliches Ritual und Ihren eigenen Zugang in die Tiefen des Spiegels finden. Gleichwohl sollten Sie einige wenige Regeln beherzigen, um Ihre Sicht zu kontrollieren und zu festigen. Hierdurch bleiben Sie Herr des Geschehens und werden nicht von ungewollten Bildern übermannt.

Legen Sie vor Beginn einer Sitzung fest, wie lange diese höchstens dauern soll. Halten Sie sich streng an diese Zeitvorgabe.

Machen Sie ausreichend Pausen zwischen zwei Sitzungen. Verlassen Sie dazu Ihren Kraftplatz.

Beachten Sie, dass Sie Herr des Geschehens sind und bleiben. Legen Sie sich ein Schlusswort zu, das Sie aussprechen, falls Sie das Gefühl haben, von einer Sicht übermannt zu werden. Bewährte Schlusswörter sind: Dank dem Spiegel, dank dem Blick! Basta! Finito! In drei Kreuzes Namen, Amen!

Ein Schlusswort sollten Sie auch sprechen, wenn Sie mit einer Sitzung zu Ende sind. Hierdurch setzen Sie einen klaren energetischen Impuls, trennen zwischen Magie und Alltag und schonen Ihre spirituelle Kraft.

Fragen Sie den Spiegel nicht nach Dingen, vor denen Sie sich fürchten oder die Sie im Grunde Ihres Herzens nicht interessieren. Beides führt nur zu Täuschungen.

Übung: Wie war mein Tag? ∞

Ein geweihter Spiegel ist ein besonderer Gegenstand. Er wird zum Kultgerät und ist mit geistiger Energie geladen. Durch ihn erfahren Sie etwas über sich und andere. Sie blicken tiefer und erkennen Zusammenhänge, auf die Sie allein durch Nachdenken selten stoßen würden. Dies verleitet dazu, den Spiegel häufig und zu allen möglichen Angelegenheiten zu befragen beziehungsweise Fragen ohne wirklichen Tiefgang ergründen zu wollen. Solch ein wahlloser Gebrauch entweiht den Spiegel und macht ihn zu einem gewöhnlichen Gegenstand. Sie sollten also gute Gründe haben, um in den Spiegel zu schauen. Andererseits gibt es nicht immer so viele gute Gründe, um in den Spiegel zu schauen und seine Sicht einzuüben und zu verfeinern. Mein Großvater empfahl mir darum diese Übung, die ich auch heute noch regelmäßig pflege.

»Betrachte deinen Tag im Spiegel«, sagte er zu mir. »Setze dich zu einer Tasse Kaffee vor ihn und lasse den Tag Revue passieren. Versuche nicht, das zu sehen, was war und an was du dich erinnern kannst. Bitte vielmehr den vergangenen Tag, dir zu zeigen, was du übersehen hast. Es werden selten Bilder sein, die dir dann der Spiegel zeigt. Dafür wirst du viele Farben sehen, die Gefühle sind. Den Neid der Missgünstigen und die Liebe deiner Freunde und die Achtung deiner Bewunderer. An all dem bist du blind vorbeigegangen. Nun gönne dir die kleine Weile, das nachzuempfinden. Es wird dir die Augen öffnen und du wirst künftig achtsamer in den Tag gehen. Doch glaube nicht, dass dir der Spiegel am Ende nichts mehr zu sagen hätte. Es wird immer wieder Dinge geben, die du übersehen hast. Hast du deinen Kaffee getrunken, dann danke dem Tag, dass er sich dir so zeigte.«

Folgen Sie der Empfehlung meines Großvaters. Sie wird Sie in mehrfacher Hinsicht bereichern.

Wahrsagen mit dem Spiegel ✕

Für das Wahrsagen blicken Sie mit dem zuvor beschriebenen magischen Blick in den Spiegel. Die grundsätzliche Schwierigkeit beim Wahrsagen ist, dass der Spiegel ausschließlich in Bildern zu Ihnen spricht. Diese Bilder sind häufig verschlüsselt beziehungsweise nicht eindeutig. Die Kunst des Wahrsagens besteht daher darin, die Bilder richtig zu deuten. Es sind jedoch keine Traumbilder, die Sie sehen werden. Vielmehr können die Bilder mal sehr präzise, mal nur vage und skizzenhaft und mal klare Symbole sein. In jedem Fall aber ist es Ihre Bildersprache, die Sie in dem Spiegel sehen. Von daher ist es nicht allzu schwierig, die Aussagen des Spiegels zu deuten. Ein wenig Übung und Sie verstehen, was Ihnen der Spiegel sagt. Zudem lassen sich die Bilder ganz normal befragen, wodurch sich Ihre Sicht meist klärt.

o   DIE BILDSPRACHE. Bevor Sie konkret zu einer Angelegenheit wahrsagen, sollten Sie die Wahrsageschau ein wenig einüben. Nehmen Sie sich dafür ein Thema vor, das Sie kennen. Befragen Sie zum Beispiel eine Situation vom gestrigen Tag. Hatten Sie etwa ein Gespräch mit einer guten Freundin, so fragen Sie danach, als wäre Ihnen das Ereignis unbekannt. Setzen Sie sich dazu vor Ihren Zauberspiegel und eröffnen Sie die Sitzung mit Ihrem Schlüsselwort. Bevor Sie den Spiegel fixieren, stellen Sie laut die Frage, die Sie erhellen wollen. Fragen Sie: »Wie war das gestern mit meiner Freundin?«. Streichen Sie sich über Ihr Drittes Auge und fixieren Sie daraufhin den Spiegel.
Es werden sich Nebelschwaden in ihm bilden, die sich alsbald nach kurzem Funkeln und Blitzen zu Formen und Farben verdichten. Diese Bewegungen können so weit Gestalt annehmen, dass Sie sich tatsächlich mit Ihrer Freundin im Spiegel sehen. Eine solch eindeutige Sicht ist allerdings die Ausnahme. Seien Sie zudem froh, falls Ihre Sicht nicht so präzise ist. Denn realistische Bilder sind weit schwerer zu deuten als symbolisch verfremdete, die unsere Gefühle und Intuition mitansprechen, wodurch wir über den Tellerrand blicken und die wahren Hintergründe erhellen können.

In der Regel werden Sie bei der gestellten Frage zwei wolkige Gebilde sehen, die sich umspielen und von unterschiedlicher Farbe sind, beziehungsweise ihre Farben wechseln. Sie zeigen die Energien, die Sie und Ihre Freundin im magischen Raum hinterlassen haben. An diesem Farbenspiel lassen sich die unterschiedlichen Stimmungen ablesen, die Sie beide entwickelten. Sind die Farben warm und zueinander passend, wird die Stimmung entsprechend harmonisch gewesen sein. Grelle und konträre Farben stehen dagegen für Disharmonie. Die Formen verraten etwas von der Intensität der Begegnung, weiche Formen stehen hier kantigen entgegen. Ebenso sprechen ineinander verschlungene oder distanzierte Gebilde eine klare Bildsprache.

Doch nicht immer ist die Bildsprache so schlicht zu übersetzen. Beispielsweise befragte Elvira, nachdem ich sie ins Wahrsagen mit dem Spiegel einführte, sofort ihre Beziehung zu ihrem Freund. Sie sah eine gerade Form und einen Kreis, ihren Freund und sich. Allerdings irritierte sie die braune Tönung, die die beiden Figuren umflorte. Sie erwartete einen rötlichen Ton zum Zeichen ihrer Liebe zueinander. Sie befragte das Bild, ob denn keine Liebe in ihm sei, da wurde das Braun noch intensiver. Deutete das Bild vielleicht auf eine nahe Trennung hin? Also fragte sie, ob sie sich trennen werden. Da begannen sich die Formen zu überdecken und froren buchstäblich ein, ehe sie in einer braunen Wolke verwischten.
Elvira bat mich daraufhin verzweifelt nach einer Deutung. Da ich wusste, dass ihre Lieblingsfarbe braun war, war diese für mich einfach. Sie hatte ihre dauerhafte Liebe im Spiegel gesehen.

○　　Das Bild befragen. Sind Sie sich unsicher, was Ihnen das Bild im Spiegel sagen möchte, sollten Sie es befragen. Es wird sich daraufhin verändern. Fragen Sie dann nicht sofort weiter, wenn Sie den neuen Bildinhalt ebenfalls nicht deuten können. Beginnen Sie vielmehr das, was Sie sehen, auszusprechen. Beschreiben Sie das Bild deutend. Liegen Sie mit Ihrer Deutung richtig, wird es in der Regel kräftiger, manchmal auch konkreter werden. Nur wenn das Bild weiter für Sie unverständlich bleibt, sollten Sie es weiter befragen.

Erfahrungsgemäß führen zu viele Fragen nicht zu einer Klärung, sondern verschatten eher das Bild. Was auch dahingehend gedeutet werden darf, dass man in der befragten Angelegenheit einiges falsch machen wird, da man bereits ihr Spiegelbild so gründlich missversteht.

Um eine Frage zu klären, kann es auch hilfreich sein, wenn Sie das Bild bewegen. Hierzu geben Sie ihm geistig den Impuls. Unterstützen Sie diesen Impuls auch mit Ihren Händen, die sie seitlich zum Spiegel bewegen. Das Bild wird sich daraufhin bewegen, Sie können es näher holen oder seine Perspektive verändern. In dieser Weise lassen sich auch unklare Details im Bild verschärfen. Überhaupt reagieren die Spiegelbilder sehr empfindsam auf Handbewegungen. Mit etwas Übung lassen sich die Bilder so sehr genau lenken.

Beachten Sie zudem Ihre Gefühle bei der Betrachtung der Bilder im Spiegel. Sie sind ein guter Gradmesser dafür, ob Sie mit Ihrer Deutung richtig liegen. Solange Sie mitempfinden, was Sie sehen, liegen Sie richtig. Flauen indes Ihre Gefühle ab, können Sie ziemlich sicher sein, dass Sie sich auf dem Holzweg befinden.

○   EIN FALSCHES BILD ERKENNEN. Der Spiegel lügt nicht. Doch wir, die wir in ihn blicken, täuschen uns gerne. Zu oft befragen wir ihn, damit er unsere eigenen Antworten bestätigt. Wir blicken dann eigentlich nicht in den Spiegel, sondern in uns selbst. Sie merken dies daran, wenn das Bild im Spiegel keine Tiefe gewinnt und nur auf der Oberfläche schwimmt. Da der Spiegel nicht lügt, zeigt er Ihnen somit, dass Sie eine Illusion betrachten. Auch wenn Sie den Eindruck haben, dass sich das Bild förmlich in den Spiegel drängt, sollten Sie sich fragen, ob Sie nicht einer Täuschung unterliegen. Schließlich erkennen Sie eine Täuschung auch noch daran, dass sich der Spiegelrand leicht rot verfärbt oder das Bild stark verschleiert erscheint.

Täuschend wirken auch die Wünsche und Einflüsse anderer Personen, egal ob sie bei der Spiegelschau anwesend sind oder ihre Wunschkraft indirekt im Spiegel wirkt. Ihre Einflüsse zeigen sich häufig in Gestalt von Nebelfahnen, die von links oder rechts in den Spiegel wehen. Auch erscheinen solche verfälschten Bilder starr und lassen sich nicht aus anderen Blickwinkeln betrachten. Bemerken Sie, dass Sie einer falschen Sicht aufsitzen, können Sie durch sie trotzdem wertvolle Informationen erhalten, da Sie sehen, welche Motive und Energien dem eigentlichen Geschehen entgegenstehen werden.

○   FÜR ANDERE PERSONEN SCHAUEN. Bevor Sie für eine andere Person den Spiegel befragen, sollten Sie mit ihm alleine ausreichend geübt haben. Denn bei der Befragung für jemand anderen beeinflussen die Erwartungen dieser Person die Sicht und Deutung. Sie bedrängt Sie unbewusst mit ihren Wünschen und Hoffnungen. Nehmen Sie diese Signale unerkannt mit auf, verfälschen sie auch die Sicht im Spiegel.

Achten Sie also auch hier auf Ihre Gefühle. Verlieren Sie Ihre Gelassenheit oder fühlen Sie sich eingeengt, liegt dies an dem unausgesprochenen Druck. Wehren Sie ihn jedoch nicht ab, sondern greifen Sie ihn bewusst auf, indem Sie ihn als Fragen an den Spiegel weitergeben. Hierdurch sehen Sie rasch, ob die Hoffnungen der Person, für die Sie den Spiegel befragen, berechtigt sind oder enttäuscht werden. Gleichzeitig nehmen Sie den Druck von sich und können wieder entspannt in den Spiegel blicken. Ihre Sicht behält hierdurch ihre gewohnte Schärfe.

Ob Sie im Spiegel die gewohnte Bildersprache sehen, ist überhaupt ein Indiz dafür, dass Ihre Sicht stimmig ist. Denn Ihre Bildsprache ist ähnlich unverwechselbar wie Ihre Handschrift.

Verzerrt Sie sich, wissen Sie, dass andere Kräfte auf das Bild einwirken. Ihre Aufgabe ist es dann, ehe Sie das Bild zu deuten beginnen, diese Kräfte zu bestimmen. Womöglich zeigen sie entscheidende Einflüsse auf das angesprochene Ereignis.

Sprechen Sie, wenn Sie für eine andere Person in den Spiegel schauen, alles, was Sie sehen, hörbar an. Hierdurch nehmen Sie Ihren Klienten mit auf Ihre Reise. Sie knüpfen an seine Kräfte an und sehen somit auch mit seinen Augen. Schließlich sind Sie, wenn Sie für eine andere Person schauen, nur ihr Medium, durch das er sein Schicksal befragt. In diesem Sinne sind Sie der Diener ihrer Sicht. Stellen Sie deshalb auch Ihre eigenen Wertvorstellungen zurück, sie könnten mit Ihrer Sicht kollidieren und diese wiederum verfälschen.

Arbeiten Sie mit einem Zweitspiegel, können Sie Ihren Klienten, also die Person, für die Sie den Spiegel befragen, auch selbst in den Spiegel blicken lassen. Dies sollte geschehen, nachdem Sie das anfängliche Ritual vollzogen haben, und ein Bild zu der gestellten Schicksalsfrage gefunden haben. Ihr Klient kann, da der Spiegel durch Sie geöffnet ist, ohne besondere Übung in ihm Bilder sehen. Den meisten gelingt dies auch. Diese fremde Sicht der Dinge ist für Ihre Deutung oft sehr hilfreich, weil sie die Situation darstellt, wie sie von Ihrem Klienten erlebt werden würde. Sie können diese Perspektive auch ersatzweise einnehmen, sofern Sie sich geistig etwas aus sich selbst herausbegeben. Denken Sie sich dazu auf den Platz an Ihrer rechten Seite, und versuchen Sie dann, aus diesem Winkel mit neuen Augen in den Spiegel zu blicken. Häufig verändert dieses »Wegtreten« die Sicht und erleichtert die weitere Deutung.

Mein Großvater gab mir mal ein anschauliches Beispiel zur Kunst des Perspektivenwechsels. Er ließ auf dem Markt immer ein Mädchen mit in den Tintenspiegel blicken. Einmal geschah es, dass das Mädchen bei einer Frage etwas gänzlich anderes sah als er. Die

Frage der Klientin war, ob sie ein Feld, für das man ihr einen guten Preis bot, verkaufen solle. Mein Großvater sah, dass sie das Feld abgeben würde. Das Mädchen aber sah, dass sie das Feld behalten würde. Mein Großvater wechselte darauf auf den Platz des Mädchens und sah das Gleiche. Also befragte er das Bild, wie es sein könne, dass die Frau etwas weggeben könne, was sie dennoch behalten würde. Da sah er mit den Augen des Mädchens eine junge Frau über das Feld gehen. In diesem Augenblick war seiner Klientin klar, was sie zu tun hatte. Statt zu verkaufen, sollte sie das Feld ihrer Tochter überschreiben, die bald heiraten würde. So verlor und behielt sie das Feld zugleich.

Wie man durch die Zeiten sieht   ∞

Bei der Sicht in den Spiegel ist es bedeutsam, dass Sie abschätzen können, ob und wann ein Ereignis mit welcher Verlässlichkeit eintreten wird.

Wahrsagen ist stets der Blick auf die aktuellen Möglichkeiten zu einer Frage; egal ob Sie dabei vor oder zurück durch die Zeit schauen. Der Blick ist jetzt und beschreibt die Antwort aus dieser Perspektive. Wahrsagen bleibt deshalb auch immer nur Prognose. Sie sind einer im Spiegel vorausgesehenen Situation keineswegs ausgeliefert. Vielmehr blicken Sie gerade deshalb in den Spiegel, um gewappnet zu sein und eine Situation aufgrund Ihres Vorauswissens besser meistern zu können. Wie viel Spiel Sie dabei haben, können Sie im Spiegel erkennen.

Es gibt Bilder, bei denen werden Sie geradezu körperlich spüren, wie sie Ihnen entgegendrängen. Diese Bilder sind sehr entschieden und verändern sich kaum beim Nachfragen. Diese Bilder besitzen bereits eine so hohe Festigkeit, dass sie mit ebenso hoher Wahrscheinlichkeit so eintreten werden, wie Sie sie sehen. Anderen Bildern fehlt dieses Drängen deutlich, sie liegen eher in der Tiefe des Spiegels und warten darauf, gehoben zu werden. Diese Bilder verkörpern jene Prognosen, die sich nicht ohne Weiteres erfüllen. Sollen sie Wirklichkeit werden, müssen Sie Ihr Schicksal in die Hand nehmen und im Sinne der Sicht handeln. Ob eine Situation in naher oder ferner Zukunft liegt, zeigt sich häufig daran, wie konkret das Bild ist. Zeitnahe Ereignisse sind deutlicher wahrzunehmen. Die Konturen werden schärfer, die Formen strukturierter und die Farben satter. Bei fernem Geschehen wirken die Bilder verwaschen und überblendet. Auch reagieren zeitnahe Bilder rascher auf Sie, während ferne Ereignisse verzögert auf Fragen und Perspektivwechsel antworten.

Gleichermaßen verhält es sich beim Blick in die Vergangenheit, den Sie meist durchführen, um Hintergründe aufzuklären. Spektakulär sind jene Fälle, in denen Wahrsager im Spiegel geschehene Verbrechen nacherleben und dabei entscheidende Fahndungshinweise geben. Bei der Rückschau werden weiter zurückliegende Ereignisse nicht überblendet, sondern treten mehr und mehr in den Schatten.

Um einen genaueren Zeitpunkt bei der Spiegelschau zu gewinnen, gibt es zwei Möglichkeiten. Mein Großvater las die Zeit wie an einer Uhr von seinem Spiegel ab. Fragte er nach der Zeit, wann ein gesehenes Ereignis eintreten würde, dann sah er leichte Blitze oder manchmal helle Färbungen am Spiegelrand. Wobei die Marke zwölf Uhr für ihn das Aktuelle war: dieser Tag, dieser Monat oder dieses Jahr. Auf ein Uhr sah er den nächsten Tag, den kommenden Monat oder das nächste Jahr. In dieser Weise konnte er ziemlich genau die Zeiten bestimmen.

Eine andere Technik, die Zeit im Spiegel zu bestimmen, ist das schlichte Fragen und Zählen. Fragen Sie den Spiegel, geschieht es heute oder morgen, in diesem Monat oder im nächsten, in zwei oder drei Jahren. Nähern Sie sich dem richtigen Datum, wird das Bild im Spiegel am Rande leicht pulsieren.

Versuchen Sie sich in beiden Methoden der Zeitbestimmung, um die für Sie passende zu finden. Wählen Sie dazu ein Ereignis aus der Vergangenheit. Sein Datum können Sie sofort überprüfen.

Kräfte mit dem Spiegel bestimmen

Das Bild, das Sie im Spiegel sehen, ist in gewisser Weise ein Stimmungsbild. An seinen Farben, Formen und Zeichen lesen Sie die Stimmung eines Ereignisses ab und finden so zur Deutung. Über seine Stimmung hinaus können Sie im Spiegel aber auch die Energien sehen, die ein Bild lenken. Sie geben Ihnen Informationen über die Macht der Motive, die im Hintergrund wirken. Es sind Hinweise auf die Kraft, mit der Sie zu rechnen haben. Bei der Vorbereitung zu einem Abwehrzauber, bei dem Sie Energien mit dem Spiegel zurücklenken, ist eine solche Sicht unbedingt hilfreich. Auch können Sie mit diesem Blick in den Spiegel die Charakterzüge einer Person erkennen beziehungsweise ihre wahren Absichten benennen.

○   DIE EIGENE AURA SEHEN. Mit dem Zauberspiegel können Sie Ihre eigene Aura beobachten und analysieren. Dies ist zugleich eine hervorragende Übung, mit der Sie den Blick für die subtilen Energien bei der Spiegelschau gewinnen.
Halten Sie Ihre linke Hand in zwei Daumenbreiten Abstand vor den Spiegel. Die Fingerspitzen sollten etwa in der Mitte der Spiegelfläche enden. Richten Sie Ihren Blick auf den Umriss Ihrer Fingerspitzen. Sagen Sie zum Spiegel: »Zeige mir meine Aura.« Blicken Sie darauf unbewegt, vermeiden Sie jedoch zu starren. Schon nach wenigen Augenblicken werden Sie einen klaren Raum sehen, der sich knapp fingerbreit um Ihre Fingerspitzen dehnt und mal dunkel, mal graublau wirkt. Er zeichnet die Fingerbegrenzung nach und scheint von einer bläulichen Umgren-

zung umschlossen zu sein. Aus ihr heraus scheint ein schwacher Nebel zu strahlen. Er wirkt manchmal flammenförmig, mal wie ein Licht im Trüben, mal umrahmt er die Fingerspitzen kreisrund oder mandelförmig. Dies ist Ihre Aura. Sie können sie nun beobachten. Verliert sich die Aurasicht, müssen Sie Ihren Blick nur erneut kurzfristig fixieren und die Sicht stellt sich wieder ein.

Das Leuchten Ihrer Aura ähnelt einem Irrlicht. Es ist ebenso irrlichternd bewegt, nimmt rasch Farbe an, die anfänglich wechseln kann, um sich alsbald zu stabilisieren. Die sichtbare Ausdehnung Ihrer Aura kann über den Spiegelrand hinausreichen. In jedem Fall ist diese wahrnehmbare Sphäre Ihrer Aura ein Abbild Ihrer augenblicklichen Stimmung und der Kräfte, die sie bewegen. Meist dürften Sie in ihr, da Sie vor dem Spiegel überwiegend mit spirituellen Energien arbeiten, warme Blautöne sehen.

o   ENERGIE IM SPIEGEL SEHEN. Wollen Sie die tragende Energie zu einem Bild, das Sie im Spiegel hervorgerufen haben, sehen, drehen Sie Ihren Kopf zur Seite, sodass Sie aus den Augenwinkeln in den Spiegel blicken. Ihre Sicht verändert sich dadurch erheblich. Das eigentliche Bild verwischt und ist höchstens noch schemenhaft wahrzunehmen. Häufig sehen Sie dabei die Spiegelfläche nur noch als schwarzgrünen Schirm. Dafür sehen Sie am Rand des Spiegels Lichtblitze, die farbig nachleuchten. Das Leuchten kann sowohl von einer Farbe dominiert werden als auch mehrfarbig sein, meist bleibt es bei zwei Farbtönen. Dieses »Wetterleuchten« im Spiegel zeigt die Qualität der Energie an, die ein Ereignis trägt und vorantreibt.

Eine andere Möglichkeit, die hintergründige Energie im Spiegel sichtbar zu machen, ist, sie zu erblinzeln. Hierzu blicken Sie auf das Bild im Spiegel und blinzeln ein paar Sekunden lang rasch mit den Lidern. Lassen Sie dabei den Blick auf der Bildmitte im Spiegel ruhen. Während des Blinzelns sehen Sie Farbblitze in der

Bildmitte, als funkelte ein Stern in der Tiefe, um den sich ein farbiger Nebel bildet. Dieser Nebel hat auch noch Bestand, wenn Sie wieder normal in den Spiegel sehen.

Schließlich gibt es noch das Phänomen des Energieblitzes. Es sind sowohl Funken als auch Blitze, die während der Betrachtung und Deutung des Bildes im Spiegel entstehen. Sie treten vor allem dann auf, wenn Sie das Bild einer Person befragen. Vor allem beim Liebeszauber, wenn man die Zuneigung der Partner erforscht oder die Kraft der Bindung hinterfragt, funkt es häufig. Mein Großvater konnte hierdurch mit ziemlicher Sicherheit Voraussagen über eine Beziehung treffen. Tiefrote bis dunkelrote Funken waren ihm dabei die verlässlichsten Liebesblitze. Dagegen deutete er hellrote Blitze als kurzfristige Liebeleien. Orange und ins Gelbe scheinende Funken galten ihm dagegen als sichere Zeichen von Untreue. Leuchtete es hingegen blau auf, wusste er sofort, dass die Liebe kalt war und blieb.

Formen und Farben der Energien ⚬∞⚬

Jede Farbe besitzt positive wie negative Schwingungen. Welche Qualität eine Farbe zeigt, die Sie im Spiegel sehen, ergibt sich meist aus der Stimmung des Bildes. Sollten Sie sich unsicher sein, ob Sie die Energie positiv oder negativ deuten sollen, befragen Sie das Bild. Fragen Sie dazu nicht »entweder oder«, sondern fragen Sie: »Ist die Kraft positiv?«. Fragen Sie anschließend: »Ist die Kraft negativ?«.

○   JA ODER NEIN. Der Spiegel kann eine Frage auf unterschiedliche Weise bejahen oder verneinen. Im Allgemeinen wird Ihnen Ihr Spiegel mit einer der folgenden Reaktionen antworten. Ja erkennen Sie an diesen Reaktionen: Das Bild wird kräftiger; es pulsiert; es zeigt sich ein kurzes Aufleuchten.

Nein erkennen Sie daran: Das Bild wird schwächer; es friert für einen Moment ein; es wischt ein Schatten über das Bild.

Formen der Kraft

Damit ist die Ausbildung der Aura gemeint. Sie konnten Sie an Ihren Fingerspitzen sehen, als Sie Ihre linke Hand vor den Spiegel hielten. Sie sehen ähnliche Ausbildungen im Spiegel auch hin und wieder als Aureolen um Personen. Dies geschieht vor allem dann, wenn Sie das Bild einer Person in den Spiegel projizieren, um mehr über sie und ihre charakterbildende Kraft zu erfahren.

○ WEIT ODER ENG. Eine ausgedehnte Aura bedeutet eine hohe geistige Energie. Wir sehen sie bei sensiblen Menschen, die häufig esoterisch gebildet sind. Sie ist aber auch ein Zeichen für eine überspannte und weltfremde Person.
Eng wirkt die Aura bei materiellen Personen, mit starkem Realitätssinn. Sie besitzen oft eine geschickte Hand in Vermögensangelegenheiten. Es kann aber auch ein Zeichen für Gefühlsarmut sein.

○ MANDELFÖRMIG zeigt sich die ideale Aura. Sie umfasst Menschen, die in sich in Harmonie leben, das heißt körperlich, geistig und seelisch ausgeglichen sind. Sie verfügen über eine gute Anbindung an das Übersinnliche. Wenn Sie häufiger in den Spiegel blicken, wird sich bei Ihnen diese Auraform um Ihre Fingerspitzen ausbilden.
Bei sehr spirituellen Menschen glimmt an der Spitze der Mandelform öfters ein Lichtpunkt.

○ KREISRUND erscheint die Aura bei der Mehrheit der Menschen. Sie zeigt, dass man ein stabiles Gleichgewicht in der Welt sucht und hält. Extreme fallen weg. Man vertraut auf seinen Verstand und seine Gefühle.

○   KANTIG wirkt die Aura selten. Man sieht sie in Augenblicken hoher Anspannung oder seelischer Verzweiflung. Auch Personen, die eine dunkle Seite in sich unterdrücken, zeigen kantige Auraformen. Aber auch extrem ehrgeizige Menschen erkennt man daran.

○   AUSGEFRANST weht die Aura, wenn wir körperlich und seelisch erschöpft sind. Bei Furcht franst die Aura ebenso aus wie bei Menschen, die in sich gekehrt sind und soziale Kontakte meiden. Aber auch eine Lüge kann sich so offenbaren.

Farben der Kraft

Die Farben im Spiegel zeigen Qualitäten von Energien. Sie tragen die Stimmungen oder prägen die Wesenszüge von Personen. Sie können als Aura um Personen oder Symbole herum aufscheinen, ebenso können sie als hintergründige Energie ein Geschehen dominieren. Häufig werden Farben intuitiv richtig gedeutet. Dennoch sollten Sie um die Eigenschaften der Farben wissen, damit Sie den Spiegel gezielt nach Gründen von Farbzuordnungen und nach den Bedingungen möglicher Farbwechsel befragen können.

○   ROT. Tiefrot ist die Liebe. Blassrot ist die Zuneigung. Rot ist die Vitalität, die Lust und die Lebensfreude. Rosa heißt das kleine Rot. Es zeigt das schlichte Gemüt ebenso wie die Lebenslüge. Manchmal ist es auch Hoffnung, die mit ihm aufscheint. Sehr blass wird es zur spirituellen Farbe der Nächstenliebe. Kriegerisch ist das leuchtende Rot. Es will den Umsturz und die Erneuerung. Es ist streitlustig. Auch die Wut und der Zorn und das böse Blut sind rot – das eine scharlachrot, das andere dunkelrot.

○　ORANGE liegt zwischen Rot und Gelb. Schön gemischt wird es zum Rock der Mönche, die die Selbstlosigkeit anstreben. Ein starkes Ego strahlt dagegen im fruchtigen Orange. Wirkt es satter, wirkt auch das Ego satter; Egozentrik ist die Folge. Wird es dunkler, wird es tyrannisch. Sticht es ins Gelbe, fördert es die Anpassungsfähigkeit. Verdunkelt es sich, wird es zu einer vampirhaften Kraft.

○　GELB verbinden wir mit Licht, weshalb es die Farbe des klaren Verstandes ist. Nachdenklichkeit ist hellgelb. Currygelb ist die Bauernschläue. Dunkelgelb zeigt sich die Gier. Giftig Gelb erkennen wir den Neid. Im satten Gelb erscheint uns auch die Einsamkeit. Es wirkt aber auch anstößig oder kann zum Stein des Anstoßes werden, der die Welt verkehrt. In seiner Nähe herrscht jedenfalls häufig Unruhe.

○　GRÜN ist die Farbe des Miteinanders. In ihm zeigen sich soziale Eigenschaften. Der Eigenbrötler wandelt in giftgrüner Aura. Den Selbstlosen sieht man in Apfelgrün gehüllt. Offenherzig ist das Sommergrün. Augustgrün betont die Gefühle. Noch dunkler zeigt das Grün den gemeinen Egoisten. Beim Menschenfreund schwingt das Grün ins Blaue. Graugrün sind die herzlosen Duckmäuser. Olivgrün kleidet den Zwanghaften.

○　BLAU ist der Himmel, die Seele und die Sehnsucht. Es ist eine spirituelle Farbe und eine weibliche Kraft. Heilkraft ist so blau wie frisches Wasser. Der Glaube wirkt nicht so wässrig. Dunkelt das Blau, zeigt es den Zweifler. Im satten Königsblau erkennen wir den Herrscher. Himmelblau dagegen strahlt der Erleuchtete. Türkis schmückt dafür den Seher. Verloren ist man im graublauen Dunst.

o VIOLETT ist eine königliche Farbe. Sie zeigt den Edlen und den Vergeistigten. Violett ist der Reichtum. Da er selten ist, weißt es auf das Unerreichbare und auf die hohen Ziele. Neigt es zum Blauen, verkehrt es sich ins Lasterhafte. Schwingt es ins Rote, wird es zu Purpur, was mal die Weisheit und mal die Herrschsucht umkleidet.

Zeichen und ihre Bedeutung ∞

Um zu wissen, was Ihnen der wissende Spiegel sagt, müssen Sie seine Sprache verstehen. Die Zeichen und Symbole, die Sie während Ihrer Sicht sehen, werden Sie zwar so manches Mal intuitiv richtig deuten, andererseits hat jedes Zeichen mehrere und oft widersprüchliche Bedeutungen. Welche Bedeutung bei der konkreten Sicht einem Zeichen zukommt, ermitteln Sie im Zweifel durch die Befragung des Spiegels. Die nachstehende Aufstellung listet die Bedeutungen von Symbolen auf, die beim Wahrsagen mit dem Spiegel häufiger aufscheinen. Mit ihr können Sie die richtige Deutung für Ihre Sicht ermitteln.

ADLER: Ausgeübte Macht; anerkannte Führerschaft; positive Entwicklungen; Respekt der Mitwelt; eine herrschsüchtige Person.

ÄHREN: Ein gutes Gelingen; ein gutes Jahr; lohnende Ausdauer; kleiner Ertrag.

AMBOSS: Harte Auseinandersetzung; mit Kraft sein Ziel verfolgen; starker Willen; das Eisen schmieden, solange es heiß ist.

APFEL: Ein Mann; frischer Wind; Sachlichkeit; Sündhaftigkeit; kraftvolle Unterstützung.

AUGE: Wachsamkeit; ein Geheimnis entdecken; Schutz wird gewährt; die Intuition erwacht; ein fürsorglicher Mensch.

AUTO: Flucht; Eile; sich auf ein Ziel konzentrieren; jemand wird übervorteilt; andere Wege wagen.

BÄNDER: Liebesbande; Geschäftsbeziehungen; Einengungen; wenig Veränderung.

BÄR: Einsamkeit; Groll; Reizbarkeit; aus einem Feind kann ein Freund werden; eine Dummheit steht an; Treue.

BAUM: Ausdauer; Widerstand; Standhaftigkeit; Anpassung an wechselnde Umstände; Nachgiebigkeit ohne Gesichtsverlust; ein Geheimnis; ein älterer Mann.

BIRNE: Eine Frau; Schönheitssinn; Milde; unbeständige Entwicklungen; materielles Glück.

BLASEN: Träume; einen Versuch starten; Lügen helfen weiter oder man wird belogen; man wird hingehalten; eine heitere Person.

BLÜTEN: Freudige Entwicklungen; Verliebtheiten; ein Neuanfang; irdische Fülle; ein Schmeichler.

BOCK: Hartnäckigkeit; Gesundheit; Potenz; Wolllust; Streitbarkeit; schnelle Gedanken und wechselnde Taktiken; Ausweg in der Not; eine gute Gabe; ein böser Mensch.

BÖGEN: Schutz und Abwehr; gute Geschäfte; eine Liebelei; irdische Vergnügen warten auf einen; eine Einladung steht an.

BRÜCKE: Hindernisse werden überwunden; Versöhnung findet statt; Annäherung; Ausgleich; ein Vermittler.

DRACHE: Dunkle Energien wandeln uns an; man wächst über sich hinaus; die Vergangenheit holt uns ein; ein Held.

DREIECK AUFRECHT: positive Entwicklungen; geistige Reife; Schutz wird gewährt; ein weitsichtiger Mensch.

DREIECK VERKEHRT: negative Entwicklungen; starke Veränderungen; Neues wird kommen; weibliche Kraft; wirkender Zauber.

FENSTER: Neugier; Bloßstellung; Aussichten auf Veränderung; man sollte sich ruhig verhalten; man sieht mehr, als man möchte; eine Botschaft wird uns zugetragen.

FISCH: Gefühlskälte; Verschwiegenheit; man kann entwischen; der Glaube stärkt uns; eine verbindliche Antwort wird gegeben; ein Priester.

FLUGZEUG: In der Ferne winkt das Glück; eine Reise steht bevor; man lernt Menschen kennen; eine Gelegenheit, sich davonzumachen; ein wichtiger Geschäftskontakt; ein Vertragspartner.

FRATZEN: Verstellung; schlechte Energien; Menschen in Not; man wird massiv beeinflusst; ein Kampf steht an; Neider.

GLOCKE: Hilferuf; Zusammenhalt; ein gutes Zeugnis; etwas wird bekannt; man ist im Gerede; eine gute Stimmung kündigt sich an; Hilfe ereilt uns.

HAND: Achtsam sein; interessante Hinweise; ein Versprechen; man reicht uns die Hand; sich auf seine Sinne verlassen; auf den Charakter achten; ein Dieb.

HAUS: Einkehr; Familie; Schutz; Rückzug; Gastfreundschaft; langsame Entwicklung; auf Beziehungen vertrauen; Geheimnisse bleiben geheim.

HERZ: Liebe und Liebesleid; Gefühle und Leidenschaften; Betrug und Hass; Harmonie und Fülle; ein Liebhaber.

KATZE: Lebensfreude; Wohlgefühle; Treue und Betrug liegen nahe beieinander; es wird gespielt; falsches Spiel mit falschen Menschen; Geheimnisse; eine gute Freundin.

KREIS: Absonderung; Kraft sammeln; Konzentration; Vollkommenheit; Selbsterkenntnis; Ewigkeit; sinnlose Wiederkehr; magische Kraft fließt; spirituelle Energie; ein Magier.

KREUZ: Richtungslosigkeit; Ausweglosigkeit; Prüfungen kommen auf uns zu; Begegnungen verändern uns; spiritueller Schutz; Geister rühren sich; ein Verräter.

KUGEL: Kompakte Kraft; schwungvolle Veränderung; Eigenständigkeit; Idealismus; eine mächtige Person.

LICHTER: Erkenntnis; begründete Hoffnung; Hilfe naht; ein Weg wird gewiesen; man vertraut uns; Ideen bringen uns weiter; man rechnet mit uns; ein Gast kommt.

LINIE: Zielstrebigkeit; neue Wege und ausgetretene Pfade; man erwartet uns; Furcht vor dem Ende; Ausweglosigkeit; gezielte Kraft; ein Quertreiber.

MESSER: Streit; Trennung; Wehrhaftigkeit; Schutz; etwas wird geteilt; Energie wird auf jemanden gelenkt.

PFEILE: Neid; nur wenig Zeit; überraschende Einfälle; ein Angriff steht bevor; schlechte Energie ist auf einen gerichtet; ein verborgener Feind.

PUNKTE: Kleines Glück; Führung im Ungewissen; Verzettelung der Kraft; Freundschaften gedeihen.

QUADRAT: gutes Gelingen; materielles Streben; Rationalismus; ausgleichende Kraft; erste Schritte; bekannter Rahmen; eine solide Person.

RECHTECK: häusliches Streben; Hausmacht; Ordnung wird angestrebt; man vertraut uns; männliche Kraft.

REGENBOGEN: Versöhnung und Ausgleich; Dinge verbessern sich; Genesung von Krankheit; Harmonie und irdisches Glück.

RINGE: gute Gewinne; große Verluste; anhaltende Bindung; Interessenverknüpfung; Verbindungen herstellen; sich vom Alltäglichen abheben; eine trickreiche Person.

ROSE: Reinheit; Anmut; Hochmut; die blühende Liebe; ein Geheimnis wird bewahrt; Liebesschmerz; spirituelle Reife; eine schöne Frau.

SCHIFF: Man hat Zeit; eine lange Reise steht an; man nähert sich an; man ist trotz Gefahr in Sicherheit; alte Verbindungen werden wieder belebt; solide Geschäfte.

SCHLIEREN: Gesammelte Energie; zunehmender Einfluss; entscheidende Tendenzen; man greift nach Ihnen; etwas festhalten wollen.

SCHRIFT: Es bleibt, wie es ist; ein Vertrag wird geschlossen; ein Prozess steht ins Haus; Lügen werden geglaubt; eine rechthaberische Person.

STUFEN: Aufstieg; berufliches Fortkommen; Furcht vor Zielsetzungen; unbekannte Sphären wollen erkannt werden; ein Vorgesetzter.

TIERE: Wehrhaftigkeit; Schutzzeichen; gute Energien; die Familie hat Vorrang; sich an die Gesetze halten; nicht aus der Reihe tanzen; sich auf seinen Instinkt verlassen.

WIRBEL: Entwicklungen bahnen sich an; man wird hineingezogen; Unbekanntes erwartet uns; Altes wird zerstört; ein dynamischer Geist.

WOLKEN: Sie künden Entwicklungen an, ohne konkret etwas zu verraten. In der Wolkenform verbirgt sich meist eine hintergründige Bedeutung, die nach dem Prinzip der Zeichen gedeutet werden kann.

WÜRFEL: Vielseitigkeit; versuchtes Glück; Festigkeit; Fundamente werden gesetzt; Dinge ändern sich nicht; ein sturer Mensch.

Checkliste Spiegelschau ⚬∞

Manchmal klappt es nicht mit der Spiegelschau. Es kommt nur mit Mühe oder gar kein Bild zusammen. Das Bild wirkt falsch oder reagiert nicht auf Ansprache und Bewegung. Oder die Sicht verblasst schnell und der Spiegel bleibt danach dunkel. All dies muss Sie nicht beunruhigen. Der Grund kann eine einfache Tagesbefindlichkeit sein, schon am nächsten Tag läuft alles in gewohnter Weise. Hält die Einschränkung der Sicht indes an, sollten Sie sich fragen, ob Sie nachlässig oder gar lustlos geworden sind. Gegen die Lustlosigkeit hilft eine längere, wenigstens zweiwöchige Pause vom Spiegel. Gegen die Nachlässigkeit hilft diese Checkliste. Sie erinnert Sie an die Kernpunkte der Spiegelschau.

Habe ich meinen Spiegel dauerhaft geweiht?
Bewahre ich meinen Spiegel sorgfältig auf?
Pflege ich meinen Kraftplatz?
Fällt kein direktes Licht auf den Spiegel?
Flüstere ich das Schlüsselwort?
Aktiviere ich mein Drittes Auge?
Sehe ich den Übertritt zur Sicht (Nebel und Blitze) im Spiegel?
Warte ich mit meiner Schau, bis sich das Bild klärt?
Blicke ich tief genug in den Spiegel?
Wechsele ich geistig meinen Blickwinkel?
Vermag ich meine Sicht zu lenken?
Achte ich darauf, nicht zu starren?
Befrage ich das Bild hinlänglich?
Spreche ich hörbar mit dem Bild?
Achte ich darauf, dass ich entspannt bin?
Sitze ich gerade und atme ich frei?
Ruhen beide Füße auf dem Boden?
Wann habe ich meine eigene Aura zuletzt betrachtet?
Beachte ich die hintergründigen Kräfte eines Bildes?
Achte ich auf tragende Energien aus dem Augenwinkel heraus?
Weiß ich die Farben und Formen der Energie zu deuten?
Vermeide ich unnötige Sitzungen mit dem Spiegel?
Beschließe ich meine Schau mit einem Siegelwort?
Danke ich dem Spiegel, wenn ich ihn verwahre?
Lasse ich den Spiegel nicht nutzlos offen stehen?

Meditation mit dem Glück ⚭

Zur Einübung der Spiegelschau machten Sie sich ein Bild von Ihrem Glück. Jetzt, wo Sie die Bilder zu deuten gelernt haben, sollten Sie diese Sicht wiederholen. Sie werden dabei entdecken, dass sich das Bild Ihres Glückes verfeinert hat. Sie sehen seine Formen und Farben nun differenzierter, und Sie wissen dazu, was Sie sehen. Sie können die Stimmung Ihres Glückes deuten. Wahrscheinlich stellen Sie dabei fest, dass sich seine Stimmung erkennbar verändert hat. Dies ist normal. Bekanntlich ist das Glück ein sehr scheues Wesen und deshalb von einer offenen, unaufdringlichen und dennoch warmherzigen Umgebung abhängig. Verändert sich Ihr Umfeld, verändert sich auch die Stimmung, die Ihr Glück trägt. Entsprechend wandelt sich Ihr Glück. Mal kehrt es sich nach außen, mal versteckt es sich.

Das Glück hat wie alle Energieballungen etwas Wesenhaftes an sich. Es besitzt daher kommunikative Eigenschaften. Das bedeutet, Sie können Zwiesprache mit Ihrem Glück halten.

In alten Zauberbüchern, in denen das Spiegelsehen beschrieben wird, gibt es zuhauf Anleitungen, wie man mit dem Spiegel Dämonen herbeiruft und sie zwingt, sich zu zeigen und sich dem Magier zu unterwerfen beziehungsweise seinen Weisungen zu folgen. Eine solche Art der Spiegelschau ist heute nicht mehr zeitgemäß. Die alten Dämonen sind in Vergessenheit geraten, und ihre einst geballte Kraft ist längst geschwunden. Sie sind nur noch Schatten von einst. Andererseits ist die Anrufung konzentrierter und damit wesenhafter Energie kein veralteter Gedanke. Wir beschwören heute beispielsweise die Kraft eines Teams, die positiven Gedanken, den gemeinsamen Willen, die Schaffenskraft, aber auch Angst und Sorge. Dies sind die modernen Dämonen. Es sind ebenfalls Energieballungen, die Sie ebenso wie einst die Magier in Ihrem Spiegel sichtbar machen können.

Dementsprechend machen Sie sich Ihr Glück sichtbar. Sie rufen es herbei, indem Sie sich auf es besinnen und in den Spiegel projizieren. Das Glück zeigt sich und sie können es befragen. Die erste Frage wird sein: »Warum machst du dich so rar?«, und schon wird das Glück verschwinden. Es lässt sich nämlich weder bedrängen noch maßregeln. Es zeigt sich Ihnen aus freien Stücken, und vor allem dann, wenn Sie ihm ebenbürtig sind, sprich wenn Sie glücklich sind. Wollen Sie also Ihr Glück befragen, so befragen Sie besser sich. Doch dies wäre eine andere Spiegelübung, wie Sie sie am Schluss des Buches finden.

Betrachten Sie indes Ihr Glück still, meditieren Sie mit ihm. Sie folgen ihm mit den Augen und beginnen, ihm zu lauschen. Jetzt haben Sie keine Fragen an Ihr Glück, jetzt schenken Sie ihm Ihre Aufmerksamkeit. Und dieses Geschenk beglückt Sie beide. Sie treten in Beziehung, die Energien fließen aufeinander zu und formen hierdurch einen Raum, in dem Ihr Glück und Sie verschmelzen. Dies ist die tatsächliche Vergegenwärtigung Ihres Glückes. Das Bild im Spiegel wird darauf in ein gleichmäßiges Farbenspiel übergehen. Es wird still um Sie, und Ihre Gedanken werden leise. Sie sehen Ihr Glück und verstehen es. Jetzt spricht Ihr Glück zu Ihnen. Öffnen Sie Ihr Herz. Denn das, was Ihnen Ihr Glück zu sagen hat, werden Sie nur mit Ihrem Herzen wirklich verstehen können.

Nach einer Weile wird das Bild verblassen. Die Stimmung aber wird noch lange in Ihnen nachhallen. Sie ist das Echo des Glücks. Streichen Sie über Ihr Drittes Auge und schließen Sie Ihre Augen. Bedanken Sie sich für die Sicht bei Ihrem Glück und beenden Sie die Sitzung. Wiederholen Sie sie, wann immer Sie das Gefühl haben, Ihr Glück zu verlieren.

Mit dieser Meditation machen Sie Ihren Spiegel zu einem Schatzspiegel. Damit knüpfen Sie an eine alte Tradition an, als man mit einem Zauberspiegel nach vergrabenem Gold suchte. Heute suchen Sie mit ihm gleichfalls einen Schatz, nämlich Ihr

Glück, und dieses Glück ist vor allem anderen ein inneres Glück. Denn alles Geld und Gut bleibt Tand, wenn Ihr inneres Glück Sie verlassen hat.

DER MAGISCHE SPIEGEL

Wird der Zauberspiegel nur zum Wahrsagen verwendet, ist er anderen Wahrsagemitteln wie Glaskugel, Tintenspiegel oder Bergkristall gleichgeordnet. Würden Sie in Ihren Zauberspiegel nur zum Wahrsagen blicken, würden Sie jedoch nur die Hälfte seiner Möglichkeiten nutzen. Denn die andere Hälfte seiner beachtlichen Eigenschaften ist seine Verwendung in der Magie. In dieser Funktion wird er auch als »magischer Spiegel« bezeichnet.

Der magische Spiegel kann wie alle Magie zum Guten wie zum Schlechten gebraucht werden. Der Spiegel selbst ist hierbei nur Mittel zum Zweck. Allein derjenige, der die Energien weckt und lenkt, entscheidet, wohin die Reise geht. Das heißt, Sie entscheiden mit Ihrem Gebrauch des Spiegels, ob Sie sich in schwarzmagische Sphären begeben oder bei der guten Magie, der weißen Magie, bleiben. Diese Entscheidung stellt sich Ihnen immer, sobald Sie mit dem magischen Spiegel arbeiten. Sie ist kein Spiel, sondern bitterernst. Sie tragen alle Konsequenzen Ihres Tuns. Es gibt hierbei keine Bewährung, also auch kein zurück, wenn Sie erst einmal die falsche Schwelle überschritten haben. Beherzigen Sie darum den uralten magischen Grundsatz:

Alles, was du tust, wird dreimal auf dich selbst zurückfallen. Darum tue Gutes mit deiner Magie und versuche, niemandem mit ihr zu schaden. Willst du dich magisch wehren, dann schicke nur zurück, was man dir sandte. Füge nie etwas dazu, sondern gleiche die Kräfte aus.

Die hier empfohlenen Anwendungen des magischen Spiegels zählen allesamt zur guten beziehungsweise weißen Magie. Es sind uralte erprobte magische Mittel, in denen mich mein Großvater unterwies. Er war bis ans Ende seiner Tage ein guter und von vielen geliebter und geachteter Mann. Sein Herz war voll Liebe. Diese Liebe war seine Zaubermacht. Halten Sie sich an die hier gegebenen Empfehlungen, werden auch Sie diese Zaubermacht für sich erschließen.

Das Fenster zum Überirdischen

Ein Spiegel zeigt eine verkehrte Wirklichkeit, so als würde sich die Welt hinter dem Glas wiederholen; nur eben spiegelverkehrt. Es ist also bereits eine verzauberte Welt, die man im Spiegel sieht. Wie aber, so mag man sich fragen, verhält es sich mit ihr, wenn man nicht in den Spiegel blickt? Dieser Gedanke beschäftigte die Menschen seit jeher. Man glaubte deshalb, dass hinter dem Spiegel eine verborgene Welt läge. Deswegen sah man im Spiegel auch einen Durchgang zur körperlosen Welt der Geister.
Ein Zauberspiegel ist in jedem Fall ein Durchlass zu einer verborgenen Welt. Schon seine schwarze Spiegelfläche wirkt wie das Tor zu einer anderen Sphäre. Sieht man dazu noch aus seiner Tiefe Bilder aufsteigen, die kein Abbild der Wirklichkeit sind, kann sich der Eindruck verfestigen, dass man durch den Spiegel in diese andere Sphäre blickt. Ganz so ist es freilich nicht. Der Spiegel ist nur das Medium, das sichtbar macht, womit Sie in geistigem Kontakt stehen beziehungsweise was Sie intuitiv erfassen. Folglich ist, was Sie im Spiegel sehen, Ihr inneres Erleben. Der Spiegel führt es Ihnen nur vor Augen. Sehen Sie im Spiegel Personen, die nicht anwesend oder bereits verstorben sind, sind das Ihre inneren Bilder. Viele Menschen werden solche telepathischen oder okkulten Verbindungen kaum bewusst erleben, weil ihr sechster Sinn hierzu nicht ausgebildet ist. Die übersinnlichen Kontakte aber bestehen durchaus. So bleiben Sie Ihr Leben lang mit Ihrer Familie in außersinnlicher Weise verbunden, so wie auch die Verstorbenen die Lebenden oft noch lange über ihren Tod hinaus begleiten. Beispielsweise kennt so gut wie jedermann eine Situation, bei der er grundlos besorgt an einen Angehörigen dachte und später erfuhr, dass sich dieser just zu dem Moment in großer Not befand. Der Vorteil des Zauberspiegels ist, dass er Ihnen solche ansonsten unbemerkte Kontakte erhellen kann.

Blicken Sie zudem öfters in dieser Absicht in den Spiegel, bringen Sie auch Ihren sechsten Sinn wieder auf Vordermann und werden zunehmend sichere Ahnungen haben.

Sie müssen sich also nicht fürchten, dass Sie, wenn Sie in okkulter Absicht in den Spiegel blicken, von einer dunklen Kraft oder einem bösen Geist übermannt werden. Diese Kräfte und Geister sind nicht im Spiegel. Sie bewegen sich allenfalls um Sie herum, was allerdings weit seltener vorkommt, als man denkt. In einem solchen Fall aber eröffnet Ihnen Ihr Zauberspiegel die Möglichkeit, diese schlechten Energien zu orten, zu erkennen und dauerhaft zu bannen. Insofern bietet der Blick in den magischen Spiegel auch Gelegenheit, seine eigene Sphäre von negativen Kräften zu reinigen.

Telepathische Spiegelkontakte ∞

Warum soll man heute, wo praktisch jeder jeden mit Fotohandy telefonisch erreichen kann, noch telepathische Kontakte pflegen? Die Antwort ist einfach: Weil wir, wenn wir miteinander telefonieren, kaum Energie miteinander tauschen und selten mehr erfahren, als gesprochen wird. Ein telepathischer Kontakt ist dagegen eher eine Begegnung der Seelen als ein Austausch von Ansichten und Alltäglichkeiten. Wir begegnen uns in einer unverfälschten Sphäre, in der Herz und Seelenkraft zählen und nicht das äußere Gehabe. Hier erfahren wir oft mit wenigen Blicken mehr, als tausend Worte sagen können. Wir blicken uns in die Seele und verstehen uns. Wir senden unsere Kraft und sie wird aufgenommen. In dieser Weise bemerken wir Angst und Sorge und spenden direkt Kraft und Stärke aus unseren Herzen. Wir erkennen Freude und Zuversicht und dürfen an dieser Kraft teilhaben.

Übung: Mit dem Freund die Sicht verfeinern

Nehmen Sie zu einem guten Freund telepathischen Kontakt auf. Ziehen Sie sich an Ihren Kraftplatz zurück und stellen Sie den Spiegel auf. Denken Sie an Ihren Freund, während der Spiegel noch verhangen ist. Haben Sie das Gefühl, dass Sie ihm näher rücken, nehmen Sie das Tuch vom Spiegel. Fixieren Sie nun den Spiegel und stellen Sie eine Sicht her. Sobald die Nebel sich gelichtet haben, sollte das Bild Ihres Freundes im Spiegel erscheinen. Dieses Bild kann von sehr unterschiedlicher Art sein. Eher selten zeigt sich dauerhaft ein Gesicht. Meist wechselt das anfängliche Gesicht zu einem Zeichen, das Ihren Freund vertritt. Dies liegt vor allem daran, dass das Unbewusste, aus dem unsere Intuition schöpft, von Symbolen beherrscht wird. So werden Sie statt des Gesichtes Ihres Freundes vielleicht seinen Siegelring, seine Augenpartie oder ein typisches Kleidungsstück oder einen Gegenstand, den er besonders schätzt, sehen. Eventuell sehen Sie statt seiner auch ein Symbol in Gestalt eines farbigen Zeichens oder einer sich gleichförmig wiederholenden Bewegung.

∘ MIT ALLEN SINNEN SEHEN. Gelegentlich gehen mit einer solchen Sicht auch sinnliche Eindrücke einher. Wundern Sie sich also nicht, wenn Sie den Duft Ihres Freundes in der Nase oder seine Lieblingsmusik im Ohr haben werden. Überhaupt sind sehr viele Sichten im Zauberspiegel mit sinnlichen Eindrücken verknüpft. Häufig spürt man während einer Sicht Temperaturunterschiede und manchmal werden Sie Ihre Sicht auch schmecken können. Achten Sie darauf, werden Ihnen diese Eindrücke zusätzliche Deutungen ermöglichen. Wobei in der Regel bei Ablehnung oder Bedrängung Kälte empfunden wird, während positive Empfindungen von Wärme begleitet werden. Hitze wiederum kann Gefahr oder Aggression signalisieren.

◦   DIE UMGEBUNG SEHEN. Konnten Sie über den Spiegel Kontakt zu Ihrem Freund knüpfen, versuchen Sie, die Stimmung mitzuempfinden, in der er sich gerade befindet. Sobald Sie die Stimmung teilen, halten Sie das Bild im Spiegel an und konzentrieren sich auf die Umgebung, in der sich Ihr Freund gerade aufhält. Hierauf werden Sie einen Eindruck von seiner Umgebung erhalten. Auch hier werden Sie nur selten klare Bilder sehen, dafür Schemen und Farben. So wird etwa sein Büro als graue und braune Flächen aufscheinen, sein Wohnzimmer werden Sie vielleicht eher rund und farbig sehen und seinen Garten als eine grüne Fläche mit farbigen Einsprengseln.

Das Spannende an der schemenhaften Sicht ist, je besser Sie sich mit den Fragmenten vertraut machen und mit ihnen umgehen, desto deutlicher wird das Bild werden. Der Vorgang gleicht dem Lösen eines Bilderrätsels, bei dem Sie nur Teilstücke sehen und ein vollständiges Bild erraten sollen. Mit etwas Übung formen Sie rasch das ganze Bild. Ebenso ist es mit dem Spiegelbild; kaum erahnen Sie das Bild in seiner Gesamtheit, formiert es sich vollständig im Spiegel. In gleicher Weise vermögen Sie darauf auch andere schemenhafte Bilder zu komplettieren.

Konnten Sie Ihren Freund in seiner Stimmung und in seiner Umgebung erkennen, überprüfen Sie Ihre Schau, indem Sie Ihren Freund bei nächster Gelegenheit befragen. Lagen Sie falsch, prüfen Sie, wann und warum Sie sich auf die täuschenden Bilder eingelassen haben und korrigieren Sie Ihre Schau beim nächsten Versuch. Hierdurch wird Ihre Spiegelschau von Mal zu Mal genauer werden.

Gedanken ins Dritte Auge übertragen

Sobald Sie mit der Projektion einer Personen in den Spiegel Übung haben und Ihrer Sicht vertrauen, können Sie mit den eigentlichen telepathischen Kontaktversuchen beginnen. Hierzu betrachten Sie das Bild der Person in Ihrem Spiegel und konzentrieren sich auf deren Drittes Auge. Es steht gleichsam für das Zentrum ihres sechsten Sinnes. Sie erkennen es als das Kraftzentrum der Person im Bild. Es scheint etwas heller, häufig in einem blauen Ton; es kann aber auch pulsieren oder der Ausgangspunkt von Bewegungen und Farbwechseln sein.

Sobald Sie die Verbindung zum Dritten Auge der angerufenen Person knüpfen konnten, werden Sie einen spürbaren Strom wahrnehmen, der von Ihrem Dritten Auge in das Zentrum Ihres Zauberspiegels fließt. Gleichzeitig spüren Sie, wie Ihnen eine gleichwertige Kraft aus dem Spiegel zuströmt. Gelegentlich werden Sie diese Verbindung auch als einen sichtbaren leicht violetten Aurafaden beobachten können, der von Ihrer Stirn zum Spiegel weht. Die Sichtbarkeit dieses Fadens kann während der Sicht schwanken.

Senden Sie nun Ihren Gedanken an die Person. Entlassen Sie dazu den Gedanken über Ihr Drittes Auge. Stellen Sie sich vor, wie die Kraft Ihres Gedankens ausströmt und dem Dritten Auge der gerufenen Person zufließt. Sie spüren, wie die gesendete Gedankenkraft bei ihr ankommt; die Energie beginnt zu fließen. Ist dies geschehen, lassen Sie Ihren Gedanken restlos ausströmen. Er wird daraufhin deutlich leiser werden.

In gleicher Weise können Sie auch Gedankenenergie von einer Person empfangen. Auch hier spüren Sie über Ihr Drittes Auge, wie Sie angesprochen werden. Bleiben Sie dabei ruhig und entspannt, werden Sie den gesendeten Gedanken denken und ihn gleichzeitig im Spiegel sehen. Je deutlicher Sie dabei auch die Stimmung wahrnehmen, die der Gedanke bewirkt, desto unverfälschter empfangen Sie ihn. Diese Form der telepathischen Kommunikation gleicht dem Austausch, wie er unter Magiern, Schamanen und Intuitiven selbstverständlich ist. Ihre Imaginationskraft ist dabei so stark, dass sie während dieser telepathischen Kontakte häufig den Eindruck gewinnen, sie träfen sich tatsächlich über große Entfernungen hinweg.

○   WAS IN DER GEDANKENPOST IST. Es gibt eine ganze Reihe guter Gründe, um telepathischen Kontakt mit einer Person aufzunehmen. Zum Beispiel, wenn Sie ihr Mut zusprechen wollen, weil sie vor einer schweren Prüfung steht. Hier denken Sie: »Du schaffst es! Ich bin bei dir! Habe Mut!« Oder Sie wollen Ihrem Liebsten Ihre Liebe über die Ferne spüren lassen und sein Herz erwärmen. Oder ein Freund hat Kummer und Sie spenden ihm telepathisch Trost.

Ebenso können Sie jemanden kontaktieren, von dem Sie längere Zeit nichts gehört haben. Stellen Sie die telepathische Verbindung zu ihm über den Spiegel her und lauschen Sie, was der Grund ist, warum er sich zurückzog. Oder Sie suchen bewusst die Kraft einer anderen Person und bitten sie telepathisch um Unterstützung, weil Sie sich in einer schwierigen Situation befinden und seelischen Beistand nötig haben. So fließen gute Gedanken zwischen den Menschen und dank des Zauberspiegels erreichen sie mit Gewissheit ihr Ziel.

○   MOTIVE ERGRÜNDEN. Durch diese Art der Spiegelschau können Sie auch etwas über die Motive einer Person erfahren. Rufen Sie dazu das Bild der Person in Ihrem Spiegel auf und erforschen Sie ihre Motive mit Ihren Gedanken. Dabei ist wichtig, dass Sie unmissverständliche und kurze Fragen senden. Am besten ist ein eindeutiges Erforschen der vermuteten Motive. Ist da Zorn? Ist da Abneigung? Ist da Gier? Ist das Stress? Dies sind knappe Fragen, die dank ihrer Impulskraft einen starken Energiefluss bewirken. Hierdurch finden Sie auch leichter Zugang zum Gemüt der gerufenen Person.

Wollen Sie beispielsweise wissen, ob Ihre Zuneigung auch auf Gegenliebe stoßen wird, dann fragen Sie: Ist da Liebe? Senden Sie diese Frage über Ihr Drittes Auge und achten Sie auf eine Reaktion. Strömt Ihnen eine warme Kraft entgegen, oder erhellt sich das Bild, dürfen Sie damit rechnen, dass Ihre Liebe erwidert wird.

Haben Sie Geduld, wenn Sie in dieser Weise nach den Motiven anderer forschen. Nicht immer finden Sie die Antwort während Ihrer Spiegelschau. Denn viele Menschen blockieren ihr Drittes Auge während des Tages. Erst wenn sie entspannt sind oder schlafen, öffnet es sich; und erst dann ist es kommunikationsfähig. So kann es sein, dass Sie die Antworten, die Sie im Spiegel suchten, erst erhalten, wenn Sie selbst bereits schlafen und träumen.

Manchmal erkennen Sie ein blockiertes Drittes Auge im Spiegel, durch eine gelbliche Verfärbung des Zentrums oder weil es sehr tief in den Hintergrund rückt. Stellen Sie trotzdem Ihre Frage, sie wird die Person erreichen und in deren Aura schwingen, bis sich ihr Drittes Auge öffnet.

Geistreisen mit dem Spiegel ∞

Eine Geistreise ist, wie das Wort sagt, die körperlose Überwindung von Entfernungen. Das Reisemittel ist allein der Geist. In Gedanken tun wir dies tagtäglich. Doch bei einer Geistreise nehmen wir das Ziel unserer Reise so wahr, als würden wir an ihm körperlich verweilen. Dieser Eindruck ist keineswegs unberechtigt, denn es wird oft genug davon berichtet, dass man am Ziel die Stimme des Geistreisenden vernehmbar hören konnte.

Mein Großvater berichtete mir von einer solchen Reise durch seinen Spiegel. Ein Freund von ihm war in Schwierigkeiten geraten, weil sein Grundherr den Zins für sein Land verdoppelt hatte. Der Freund weigerte sich zu zahlen und hatte den Richter angerufen. Der Grundherr aber wollte den Spruch des Richters nicht abwarten, sondern den Freund meines Großvaters noch vorher vertreiben. Also machte sich mein Großvater auf, dem Grundherrn ins Gewissen zu reden. Er setzte sich in der nächsten Neumondnacht vor seinen Spie-

gel und entsandte seinen Geist in das Dorf seines Freundes vor das Haus des Grundherrn. Mit seinem Geist schickte er auch bewusst seine Stimme mit.

Mein Großvater verfiel in leichte Trance und sah sich alsbald vor dem Haus des Grundherrn. Er sah seine Tür im Spiegel und klopfte an. Der Grundherr öffnete, konnte aber in der dunklen Nacht niemanden sehen. Dafür sah ihn mein Großvater im Spiegel und begann, auf ihn einzureden. Der Grundherr schon voller Angst, weil er niemanden sah, der bei ihm angeklopft hatte, schlug, kaum dass er das erste Wort vernahm, die Tür zu, verriegelte sie und verbarg sich in seinem Bett. Mein Großvater aber folgte ihm im Spiegel und sprach weiter zugunsten seines Freundes auf den verängstigten Verpächter ein. Der aber wollte nur den Geist loswerden, der ihm da in sein Gewissen redete. Also versprach er schlotternd, alles beim Alten zu belassen, Hauptsache der Geist würde ihn für immer in Ruhe lassen. Mein Großvater ging auf den Handel ein und verschwand.

Als wenig später der Richter ins Dorf kam, um sich den Fall vortragen zu lassen, herrschte längst wieder eitel Sonnenschein.

Geistreisen werden auch als Astralreisen bezeichnet, obwohl diese nicht dasselbe sind. Astralreisen sind Seelenreisen. Hier verlässt der Magier mit seiner Seele seinen Körper, um ferne Orte aufzusuchen und auf andere Menschen einzuwirken. Der Körper des Magiers bleibt entseelt zurück. Er ist zwar noch belebt, reagiert jedoch nicht mehr auf Ansprache. Er scheint entweder seelenlos wie ein lebender Toter beziehungsweise auffällig retardiert, als sei der Magier verblödet. Erst wenn die Seele des Magiers in seinen Körper zurückgekehrt ist, begegnet uns der Mensch wieder wie gewohnt.

Diese Form der Entkörperung sollten Sie bei Ihrer Spiegelsicht keineswegs anstreben. Sie ist zum einen nicht ungefährlich und zum anderen für die Übungen mit dem Spiegel auch unnötig.

Bei laienhaft inszenierten Astralreisen kommt es zudem immer wieder zu Unfällen, bei denen die Seele keine richtige Wohnstatt mehr in ihrem Körper findet. Das heißt, die Menschen finden nicht mehr in die Wirklichkeit ihres Alltages zurück. Hingegen streben Sie während einer Geistreise nur eine leichte Trance an. Was sich dann auf die Reise begibt, ist nicht Ihre Seele, sondern Ihre geistige Energie, die Sie über den Spiegel an einen anderen Ort teleportieren. Es ist somit ein konzentrierter Aspekt Ihres Geistes, der über die Ferne wirkt beziehungsweise sich durch die dichte Energie am Ziel beinahe körperlich manifestiert.

Das Ritual einer Geistreise

○ DAS ZIEL BESTIMMEN. Wenn Sie sich auf eine Geistreise begeben wollen, sollten Sie zunächst wissen, wohin Sie Ihre Reise führen wird. Das heißt, Sie sollten das Ziel Ihrer Reise klar benennen können, beispielsweise das Wohnzimmer Ihrer Eltern. Eine Geistreise unterscheidet sich hier nicht von einer normalen Reise. Wollen Sie Ihre Eltern besuchen, müssen Sie vorher wissen, wo Sie sie treffen können. Mit einer Geistreise suchen Sie also bestimmte Örtlichkeiten auf.

Nicht immer wollen Sie an Ihrem Ziel auch Menschen treffen. Es kann durchaus sein, dass Sie einen Ort aufsuchen, um an ihm alleine zu meditieren und Kraft zu schöpfen. Ebenso können Sie über die Ferne ein Schutzritual vornehmen, um eine Örtlichkeit vor schlechten Energien zu schützen; etwa indem Sie einen Schutzkreis ziehen.

○ DIE VORBEREITUNG. Sobald Sie wissen, wohin Sie Ihre Reise führen soll, suchen Sie Ihren Kraftplatz auf und bereiten sich vor. Wichtig ist, dass Sie während Ihrer Geistreise ungestört bleiben. Schalten Sie also Ihr Telefon aus, und achten Sie darauf, dass niemand ins Zimmer kommt. Verzichten Sie auf Musik. Indes dürfen Sie räuchern und eine Kerze anzünden. Hinter den Spiegel gestellt symbolisiert die Kerze die Distanz und hilft Ihnen zugleich, Ihr Ziel ins geistige Auge zu fassen.

○ DIE REISE ANTRETEN. Konzentrieren Sie sich nun in gewohnter Weise auf den Spiegel. Bleiben Sie dazu wie gehabt entspannt, aufrecht und mit beiden Füßen auf dem Boden. Flüstern Sie Ihr Schlüsselwort und lassen Sie die Nebel vor der Sicht aufziehen. Beobachten Sie den Funkenflug, der den Nebel zerstäubt und blicken Sie dann auf das Ziel Ihrer Geistreise im Spiegel. Es zeigt sich meist sehr deutlich in einer Übersicht oder durch ein typisches Detail. Haben Sie in dieser Weise Ihr Ziel im Blick, begeben Sie sich auf die Reise.

Ihr Geist muss sich dazu lösen und in gewisser Weise frei schweben. Falls Sie gelegentlich Schwebeträume haben, wird Ihnen dieser Zustand vertraut sein. Um den Geist zu lösen, üben Sie sich im meditativen Blick. Dieser Blick ist ebenso gelöst, wie es Ihr Geist sein soll. Sie blicken dazu auf Ihr Ziel, fixieren es aber nicht. Es ist vielmehr so, dass Ihr Blick tiefer reicht; ungefähr so weit wie die Kerze, die hinter dem Spiegel leuchtet. Merken Sie, dass Ihr Blick starr wird, sehen Sie kurz in die Kerze und senken ihn dann wieder gelöst in den Spiegel. Hilfreich ist es auch, wenn Sie die Fingerspitzen beider Hände sanft gegeneinander halten. Hierdurch gleichen sich Ihre Energien aus und schwingen in Harmonie.

Blicken Sie weiter in den Spiegel, werden Sie rasch das Gefühl gewinnen, dass sich die wahrgenommene Tiefe weiter dehnt und Sie anzieht. Geben Sie diesem Gefühl nach und lassen Sie sich hineinziehen. Ihre Geistreise beginnt. Sie erleben nun, wie Sie durch einen Tunnel Ihrem Ziel entgegenfliegen. Bewahren Sie Ihre Gelassenheit. Achten Sie darauf, dass Ihre Fingerspitzen sanft aneinander liegen und blicken Sie weiter in den Spiegel.

Das zuvor deutliche Ziel wird nun allmählich verschwinden und der Spiegel wird in einer seltsamen Weise klar. Seine Schwärze verliert sich scheinbar, und Sie blicken durch ihn wie durch klares Wasser, das ohne Grund ist. Sie sind am Ziel Ihrer Reise.

○　AM ZIEL ANGEKOMMEN. Verharren Sie in der Position des Beobachters, wird sich eine sinnliche Wahrnehmung von Ihrem Ziel einstellen. Sie werden es riechen, schmecken oder fühlen können. Am häufigsten ist jedoch eine akustische Vision des Ziels. Sie hören, was am Ziel vor sich geht. Gleichzeitig beginnt die optische Vision intensiver zu werden. Wobei diese Vision eher vor Ihrem geistigen Auge geschieht als direkt im Spiegel. Sie sehen Ihr Ziel praktisch mit Ihrem Dritten Auge. Blicken Sie weiter in den Spiegel, der noch wie ein klarer, leerer Raum vor Ihnen liegt, wird sich das Bild, das Sie vor Ihrem geistigen Auge haben, ebenfalls im Spiegel zeigen. Hierdurch wird die Verbindung zwischen Ihnen und Ihrem ausgeströmten Geist hergestellt. Sie können nun am Ziel agieren.

○　IN DIE FERNE WIRKEN. Sprechen Sie in den Spiegel, wird man Ihre Stimme auch am Ziel vernehmen. Intuitive Menschen werden Sie mit ihrem inneren Ohr hören, als sprächen Sie im Raum. Andere werden Ihre Worte wie eigene Gedanken vernehmen. Legen Sie einem Menschen heilend Ihre Hand auf, wird er ihre Wärme spüren. Sie sprechen dazu die Worte und vollführen die Gesten vor dem Spiegel. Ihr Geist wiederholt sie zur selben Zeit am Ziel. Wichtig ist nur, dass Sie die Verbindung zu ihm halten. Dazu lassen Sie Ihre geistige Kraft nunmehr bewusst in den Spiegel fließen. Hierdurch bleibt das Bild stabil, gleichzeitig fließt diese Kraft der geistigen Konzentration am Ziel zu. Manch einem gelingt es dabei, so viel Kraft zu teleportieren, dass er am Ziel Gegenstände bewegen und damit unmissverständliche Zeichen setzen kann.

○　DIE HARMONISCHE RÜCKKEHR. Haben Sie Ihre Aufgabe am Ziel erledigt, schließen Sie Ihre Augen und lassen Ihren Geist zurückströmen. Sie werden seinen Rückfluss auch körperlich spüren. Die ausgesandte Energie fließt über Ihr Drittes Auge und Ihre Wirbelsäule zurück. Dieser Rückfluss wird öfters als unangenehm, gelegentlich sogar als schmerzhaft empfunden. Dies liegt daran, weil die Kraft schneller zurückströmt, als sie ausgesandt wurde und dadurch die Nerven stark gereizt werden.

Spüren Sie, dass Ihre geistige Kraft wieder ganz bei Ihnen ist, beenden Sie das Ritual, indem Sie Ihre Handflächen in ein wenig Abstand leicht gegeneinander bewegen, so als würden Sie eine Kugel drehend formen. Am leichten Widerstand spüren Sie, wie sich die Energie zwischen Ihren Händen ballt. Sie gewinnt schnell an Dichte. Haben Sie das Gefühl, dass die Energiekugel vollendet ist, atmen Sie sie über die Nase ein. Ihr Energiehaushalt ist wieder harmonisiert. Beschließen Sie darauf die Spiegelschau mit Ihrem Schlusswort und bedecken Sie den Spiegel mit seinem Tuch. – Wundern Sie sich nicht, wenn Sie nach einer solchen Geistreise erschöpft und müde sind. Solche Geistreisen sind äußerst anstrengend. Geben Sie Ihrer Müdigkeit nach, legen Sie sich hin und schlafen Sie sich aus.

Wofür der Geist reisen sollte

Allein weil Geistreisen äußerst anstrengend sind, wird man sie kaum zum Vergnügen durchführen, sondern nur, wenn man glaubt, dass ein triftiger Grund vorliegt. Dies kann der Wunsch nach Heilung sein; die Sorge, einen anderen Menschen zu beschützen; einen Menschen im Guten zu beeinflussen oder jemandem geistigen Zuspruch zu gewähren.

Auch im Liebeszauber begeben sich manche Liebende auf Geistreisen, um ihre Liebe auszudrücken. Ihnen wird dabei warm ums

Herz und sie träumen voneinander. Diese Geistreisen geschehen jedoch meist unbewusst und nur selten vor dem Spiegel. Was wiederum zeigt, dass eine Geistreise an sich nichts Ungewöhnliches ist.

○ FERNHEILEN. Wenn wir von einem Lieben wissen, dass er krank ist, schicken wir ihm gute Gedanken. Dies ist bereits eine Stufe des Fernheilens. Intensiver wird die Wirkung, wenn wir diese Gedanken vor dem Spiegel senden. Wirkliches Fernheilen ist dagegen Ihre geistige Anwesenheit beim Kranken. Gehen Sie geistig auf ihn zu und legen Sie ihm Ihre Hände auf, damit Ihre Heilkraft auf ihn überfließt. Vollziehen Sie die Handauflegung symbolisch vor dem Spiegel. Lassen Sie dabei Ihre heilenden Kräfte durch Ihre Hände fließen, sie kommen in gleicher Weise bei dem Kranken an.

○ SCHUTZKREIS. Wollen Sie einer Person magischen Schutz zuteil werden lassen, können Sie für sie einen Schutzkreis ziehen. Schicken Sie Ihren Geist vor dem Spiegel aus. Sobald das Ziel im Spiegel sichtbar wird, streifen Sie mit dem Mittelfinger Ihrer linken Hand im Uhrzeigersinn mehrmals um den Spiegelrand. Behalten Sie dabei das Ziel im Spiegel im Auge. Sie werden sehen, wie sich ein heller Kreis um die Person formt. Sobald der Kreis geschlossen ist, ist auch der Schutzkreis für sie installiert. Schlechte Kräfte werden von diesem Kreis künftig wirksam abgewiesen.

○ ABWEHREN. Werden Sie von jemandem in magischer Weise oder durch böse Gedanken bedrängt, stellen Sie sich dieser Person am Ziel Ihrer Geistreise genau gegenüber und fixieren Sie ihr Drittes Auge. Hierdurch rückt es auch im Spiegel nach vorne. Sie sehen es überdeutlich. Fixieren Sie das Dritte Auge weiter, wird es alsbald zu pulsieren beginnen. Falten Sie nun die Hände und strecken Sie die beiden Zeigefinger aus. Beide Finger berühren sich. Die Spitzen der beiden Finger richten Sie nun auf das Dritte Auge im Spiegel und sprechen diesen Abwehrspruch:

Nimm, was du gibst,
nimm es in dreifacher Weise
Alles was du schickst,
geht zurück zu dir auf Reise.

○   ZUSPRUCH. Bevor Sie mit dem Spiegelritual beginnen, schreiben Sie sich auf einen Zettel, was Sie dem Menschen sagen wollen, dem Sie Trost und Zuspruch übermitteln wollen. Dies ist deswegen sehr wichtig, weil jedes Wort, das Sie auf Ihrer Geistreise sprechen, von besonderem Gewicht ist. Ihre Worte sind in ungewöhnlicher Weise mit geistiger Energie geladen und drängen somit entschieden zur Verwirklichung. Sind Sie am Ziel, nähern Sie sich der Person und flüstern ihr die Worte des Zuspruchs ins Ohr. Schirmen Sie dazu mit beiden Hände Ihren Mund ab, so als würden Sie jemanden ein Geheimnis zuflüstern. Sprechen Sie die Worte dreimal hintereinander in den Spiegel.

Wann der Geist reisen sollte

Grundsätzlich können Sie das Spiegelritual für eine Geistreise zu jedem Zeitpunkt durchführen. Die Erfahrung zeigt jedoch, dass eine Geistreise eher gelingt, wenn es Nacht geworden ist. Der Mond hat keinen hervorgehobenen Einfluss auf eine Geistreise. Allerdings erzielen Mondsensible bessere Ergebnisse im abnehmenden Mond und bei Altmond.
Beeinflussungen anderer Personen sind wirksamer, wenn Sie eine Person nachts während der Schlafenszeit aufsuchen. Direkte Mitteilungen an eine Person finden am ehesten in der Morgen-

dämmerung Gehör. Beides liegt daran, dass in diesen Schlaf-
phasen die Intuition nicht durch rationale Bedenken eingeschränkt ist.

Setzen Sie sich zu einer Geistreise nur vor den Spiegel, wenn Sie
selbst in guter Verfassung sind. Sind Sie hingegen gestresst oder
gesundheitlich angeschlagen, verschwenden Sie nur unnütze Energie und gelangen zu keinem Ergebnis.

Die Begegnung mit dem Jenseits ∞

Über den magischen Spiegel können Sie auch mit der Welt der
Geister in Kontakt treten. Wobei dies prinzipiell nicht ungefährlich ist. Andererseits müssen Sie sich kaum vor unangenehmen
Begegnungen fürchten, denn es werden nur die Geister zu Ihnen
kommen, die Sie auch riefen. Bleiben Sie also in bekannten Gefil-
den und lassen Experimente mit den Schattenseiten der jenseitigen Welt aus, werden Sie nur positive Erfahrungen machen, die
Sie in Ihrer spirituellen Reife voranbringen. Und da der Spiegel
die Wahrheit zeigt, kann sich in ihm auch kein böser Geist unerkannt verbergen.

Zunächst sollten Sie sich darüber im Klaren sein, dass Ihnen beim
Kontakt mit dem Jenseitigen nur selten die ganze Seele eines
Verstorbenen begegnen wird. Mehrheitlich werden Sie Seelen-
aspekte von Dahingeschiedenen sehen. Dies liegt daran, dass, sobald ein Mensch verstorben ist, sich seine Seele zu lösen beginnt
und in Gott aufgeht. Und so wie wir alle verschiedene Rollen im
Leben spielen – mal sind wir Kind, mal Eltern, mal Arbeitneh-
mer und viele andere Rollen mehr –, so bleiben wir auch im Jenseits vielschichtige Persönlichkeiten. Manche dieser Persönlich-
keitsstrukturen lösen sich dabei schneller, manche langsamer. Die
Geschwindigkeit, mit der sich eine verstorbene Seele löst, hängt
mit ihrer Bindung an das Irdische zusammen. Drückt jemanden

beispielsweise eine Schuld oder Sorge, wird er sich langsamer lösen, als wenn sein Seelenaspekt davon befreit ist. Darum vernehmen wir, wenn wir uns jenseitigen Sphären zuwenden, auffällig viele private Mitteilungen, aber nur selten Berichte aus dem Arbeitsleben.

Sobald wir mit dem Jenseitigen in Kontakt treten, schlüpfen wir in die Rolle eines Mediums. Das bedeutet, der Geist beziehungsweise der Seelenaspekt der angerufenen Person spricht und zeigt sich durch uns. Er zeigt sich niemals direkt. Das, was wir im Spiegel sehen und womöglich während einer Sitzung hören, sind folglich Projektionen unseres inneren Erlebens, aber nie die tatsächlichen Geister. Diese stehen als Impulsgeber zwar mit uns indirekt in Kontakt, doch agieren beide Seiten aus zwei sich gegenseitig ausschließenden Sphären – nämlich wir im Diesseits und die Geister im Jenseits. Von daher müssen wir uns auch nur wenig fürchten, dass ein Geist aus dem Jenseits uns nachstellen könnte.

Gründe, jenseitige Kontakte zu knüpfen

Der Tod reißt einen Menschen häufig mitten aus dem Leben. Es blieb ihm nur wenig oder gar keine Zeit, die letzten Dinge zu regeln und sich von seinen Mitmenschen, seinen Freunden und seiner Familie zu verabschieden. Es bleibt daher auf beiden Seiten so manches unausgeglichen. Der Wunsch nach später Versöhnung und klärenden Zeichen führt dazu, dass wir den Kontakt mit dem Verstorbenen suchen und aufrechterhalten. Wir sprechen mit ihm über den Tod hinaus und versuchen, ihm zuzuhören. Der Spiegel ist ein geeignetes Mittel, um einen Kontakt herzustellen, bei dem man miteinander verständliche Botschaften austauschen kann.

Oft sind es auch schlichte Fragen nach weltlichen Dingen, die uns drängen, mit einem Verstorbenen ins Gespräch zu kommen.

Zum Beispiel die Frage nach einem versteckten Konto oder einen verlegten Kontrakt, der im Rahmen der Erbschaft von Bedeutung ist.

Sollten Sie allerdings in den magischen Spiegel blicken wollen, um letzte Weisheiten über das Leben nach dem Tod zu erkunden, begeben Sie sich auf einen ausgetretenen Pfad. Wir wissen heute aus zahllosen Séancen, dass dieserart Botschaften aus dem Jenseits mit dem Glauben der Verstorbenen eng verknüpft sind. Sie sehen und deuten ihre jenseitigen Erfahrungen mit dem Blick des Gläubigen. Mein Großvater erzählte mir von einer solchen Séance, bei der eine Witwe ihren verstorbenen Mann in der Hoffnung befragte, ob er denn nun im Jenseits endlich an Gott glaube. Der aber verneinte, er habe keinen Grund dazu. Es sei dort genauso, wie er es vorhergesehen habe. Schließlich habe er immer gesagt: Alles würde sich nur wandeln, aber nicht vergehen. Was in der Welt sei, bliebe in ihr. – Diese Logik fand er auch im Jenseits bestätigt.

Die Technik der okkulten Befragung

Haben Sie einen triftigen Grund, mit einem Verstorbenen in Kontakt zu treten, begeben Sie sich an Ihren Kraftplatz und stellen Ihren Zauberspiegel auf. Entzünden Sie eine Räucherkerze, sie hilft, die Atmosphäre zu klären. Gut geeignet sind Weihrauch oder Sandelholz. Entspannen Sie sich und überdenken Sie dabei, was Sie von der anstehenden Begegnung erwarten und erhoffen. Haben Sie sich gesammelt, zünden Sie eine Kerze hinter dem Spiegel an. Sie verströmt Wärme und ist für beide Seiten ein Orientierungspunkt.

o   DIE VORBEREITUNG. Blicken Sie zunächst in den Spiegel, ohne eine Sicht zu provozieren. Sprechen Sie laut. Begrüßen Sie die Geister im Jenseits freundlich und erbitten Sie eine Verbindung zu ihnen. Stellen Sie sich mit Ihrem Namen vor, und sagen Sie, wo Sie sich befinden. Rufen Sie dann den Geist, den Sie sehen wollen, mit seinem Namen. Sagen Sie ihm, dass Sie mit ihm Kontakt aufnehmen, ihn aber keinesfalls stören möchten. Falls er keinen Kontakt wünsche, würden Sie das respektieren.

o **DIE SICHT AUFNEHMEN.** Provozieren Sie nun eine Sicht im Spiegel. Bleibt der Spiegel vernebelt, wünscht der Jenseitige im Moment keinen Kontakt. Versuchen Sie dann eine erneute Verbindung frühestens am nächsten Tag.

Klärt sich der Spiegel, ist die Verbindung in die jenseitige Welt hergestellt. Blicken Sie jetzt tief in den Spiegel. Sein Zentrum wird sich aus der Tiefe heraus etwas erhellen. Allmählich kristallisiert sich aus der Tiefe ein Bild heraus, und Sie sehen, wie das Gesicht des Verstorbenen Gestalt gewinnt. Es erscheint in einer graublauen Hülle, ähnlich einer Kapuze. So sehen wir die Aura der Jenseitigen. Das Gesicht selbst ist selten präzise, aber dennoch gut zu erkennen. Auffällig an der Sicht ins Jenseits ist, dass sich die Personen meistens so zeigen, wie wir sie in Erinnerung haben und sich nicht hinter Merkmalen oder Symbolen verbergen.

Sobald das Gesicht des Geistes auftaucht, können Sie mit ihm sprechen. Halten Sie sich dabei an Ihr Konzept. Weichen Sie möglichst nicht davon ab. Denn die Geister sind häufig ungeduldig und wortkarg. Man gewinnt leicht den Eindruck, dass Ihnen die Kommunikation mit dem Diesseits Mühe macht. Wahrscheinlich liegt es daran, dass wir sie mit unserer Energie binden. Wir sind für sie gewissermaßen umgekehrt die unangenehmen Geister, die einem nachstellen.

o **FRAGEN UND ANTWORTEN.** Stellen Sie darum zügig Ihre Fragen. Stellen Sie sie so, dass sie mit Ja oder Nein beantwortet werden können, denn der Geist antwortet für gewöhnlich mit positiven und negativen Zeichen wie Kopfnicken oder -schütteln. Es kann auch ein Heben der Augenbrauen für Ja und ein Augenschließen für Nein sein. Auch ein Wechsel des Bildhintergrundes von hell zu dunkel drückt Bejahung oder Verneinung aus. Lässt sich eine Frage nicht bejahen oder verneinen, bitten Sie den Geist um ein Zeichen. Sein Gesicht rückt darauf meist etwas in den Hintergrund und es formt sich im unteren Drittel des Spiegels ein hinweisendes Symbol.

Sprechen Sie in jedem Fall die von Ihnen vernommene Antwort laut aus. Sie sind das Medium und geben dem Geist Stimme. Zugleich ist dies eine Kontrolle, dass Sie die Antwort auch richtig verstanden haben. Denn der Geist im Spiegel reagiert sofort, falls Sie eine falsche Antwort aussprechen. Sein Bild pulsiert oder verwischt und verschwindet schlimmstenfalls.

○   ALPHABETTAFELN. Gelegentlich werden Sie sich eine differenzierte Antwort wünschen. Hier hilft Ihnen dann eine Karte mit einem aufgezeichneten Alphabet. Halten Sie diese Karte vor den Spiegel und ziehen Sie mit dem rechten Zeigefinger zügig über die Buchstaben. Fahren Sie über den richtigen Buchstaben, wird der Geist im Spiegel ein Zeichen geben. Merken Sie sich den Buchstaben und fahren Sie fort, bis sie die gewünschte Antwort erhalten haben.

Recht gut funktioniert eine solche Befragung mit einem Protokollanten, der die Buchstaben notiert, wobei Sie dann allerdings Ihren Zweitspiegel benützen sollten. Der Vorteil hierbei ist zudem, da Sie die Antworten nicht mitlesen, unterbinden Sie zugleich deren unbewusste Manipulation. In jedem Fall sprechen Sie die erhaltene Antwort zur Bestätigung laut aus.

○   RICHTIG BEENDEN. Am Ende Ihrer Sitzung bedanken Sie sich bei dem Geist und verabschieden ihn, indem Sie ihm sagen, dass Sie sich beide wieder in ihre jeweilige Welt zurückziehen. Sagen Sie dies mit Entschiedenheit, damit beide Seiten sich darauf verlassen können, dass die Trennung Bestand hat. Sobald das Bild verblasst ist, sprechen Sie Ihr Schlusswort, verhängen den Spiegel und blasen die Kerze aus. Abschließend räuchern Sie mit Wacholder, um mögliche Anhaftungen aus der Begegnung mit dem Jenseitigen zu lösen.

Wirksamer Schutz vor ungebetenen Geistern

Ein normaler Kontakt zu jenseitigen Sphären führt nicht dazu, dass sich einem ein ungebetener Geist zugesellt. Dies geschieht eher, wenn man sich mit unbekannten Geistern einlässt oder meint, Dämonen durch den Spiegel rufen zu müssen. Auch die Anrufung von Naturgeistern ist nicht unproblematisch. Die meisten Naturgeister besitzen nämlich eine kräftige dunkle Seite, die sie gerne ausleben. Grundsätzlich ist es ein Leichtes, den Teufel zu rufen, doch ein hartes Stück Arbeit, um ihn wieder loszuwerden. Der wirksamste Schutz vor bösen Geistern ist daher, sie nicht zu rufen. Haben Sie dennoch das Gefühl, dass sich beim Kontakt mit dem Jenseits eine ungute Kraft herbeimogeln konnte, sollten Sie sie gebieterisch bannen. Sie bemerken derlei Kräfte meist daran, dass sich eine ungute Atmosphäre im Raum ausbreitet, die Sie schaudern lässt.

Zeichnen Sie zur Abwehr schlechter Geister drei Kreuze auf weißes Papier, falten Sie es dreimal und legen es unter den Spiegel. Wischen Sie anschließend Ihre Hände vor dem Spiegel ab, so-dass die Anhaftungen in den Spiegel gleiten, und befehlen Sie den unguten Geistern, in den Spiegel zurückzukehren. Sie sehen darauf, wie sich der typische Nebel im Spiegel nach links ins Zentrum windet. Gleichzeitig wird das Zentrum dunkler und rückt deutlich in die Tiefe des Spiegels. Räuchern Sie abschließend mit Wacholder. Legen Sie auf den verwahrten Spiegel das Blatt mit den drei Kreuzen, damit die Geister nicht mehr aus dem Spiegel entschwinden können. Vergessen Sie nicht Ihr Schlüsselwort zu flüstern.

Besser wäre noch, Sie legen zum Schutz ein Kruzifix oder einen Rosenkranz auf den Spiegel. Lassen Sie den Spiegel so wenigstens drei Tage liegen, danach werden die unguten Kräfte verflogen sein.

Liebeszauber ∞

Die Liebe zwischen zwei Menschen ist eine überirdische Sphäre für sich, auch wenn sie mit ganz irdischen Freuden verknüpft ist. Zwei Seelen haben sich gefunden und verbunden. Diese Verbindung führt uns in die höchste Sphäre, in den siebten Himmel. Der magische Spiegel hilft uns beim Blick in den Himmel der Liebe.

Wollen Sie Ihrem Liebsten auch nahe sein, wenn er fern ist, können Sie ihn durch den Spiegel besuchen und ihm das Herz wärmen oder ein paar Liebesworte in den Traum flüstern. Dieser Zauber wurde in der Gedankenpost bereits erwähnt. Auch wie Sie prüfen, ob die Liebe auf Gegenliebe stößt, wurde in dem Beispiel mit Elvira beschrieben. Dass die Liebe in Rot funkt und sich die Untreue mit orangen Funken verrät, wurde mit der Energiesicht erklärt. Wie Sie Ihren Angebeteten mit Ihrem Dritten Auge durch den Spiegel betrachten, um zu sehen, ob eine gleichwertige Kraft auf Sie übergeht, wurde bei der Klärung der Motive erwähnt.

Sie sehen, Liebeszauber ist nur eine von vielen Möglichkeiten, die Techniken der Spiegelschau zu nutzen. Die Frage, ob ein Liebeszauber zur schwarzen Magie zählt, wird zwar gerne thematisiert, jedoch wirkt sie ein wenig antiquiert. Kaum jemand wird heute einen anderen mit Magie zur Liebe zwingen wollen. Zudem funktioniert ein solcher Zauber nicht. Wer kein Öl in der Lampe hat, dessen Licht wird auch nicht brennen. Das heißt, ein bisschen Verliebtsein muss schon da sein, damit ein Liebeszauber überhaupt wirken kann.

Lodert die Liebe, wird ebenfalls niemand auf die Idee kommen, den magischen Spiegel zu befragen. Eher sind es die Zeiten, da man sich findet oder auseinander geht, zu denen wir in den Spiegel blicken, um die Liebe zu prüfen und ihr Feuer zu nähren oder zu löschen. Im Grunde ist ein solcher Liebeszauber eine thematisch gebundene Schicksalsschau, bei der wir ein wenig versuchen, das Schicksal zu lenken. Er ist also nur etwas anders gerichtet, als wir es bei einer Wahrsageschau praktizieren.

○   STELLVERTRETUNG: Die nachstehend beschriebenen Rituale können Sie allesamt auch für eine andere Person durchführen. Sie agieren dann als ihr Stellvertreter. Diese Vertretung zeigt vor allem dann Wirkung, wenn Sie während des Rituals einen persönlichen Gegenstand der Person bei sich tragen. Sagen Sie vor dem Beginn des Rituals auch hörbar, welche Person Sie vertreten. Die Stimmung wandelt sich daraufhin so, als sei die Person tatsächlich anwesend.

Die Liebe prüfen

Am Anfang jeder verliebten Zweisamkeit stehen die Fragen »Liebt er mich?«, »Liebt sie mich?«. Treibt Sie diese Frage um, dekorieren Sie Ihren Kraftplatz so, als wollten Sie Ihren Liebsten einladen. Stellen Sie also Blumen auf, legen Sie Bänder und seidene Tücher aus, entzünden Sie betörende Düfte und stecken Sie Kerzen an. Ziehen Sie sich schön an und parfümieren Sie sich. So gerüstet setzen Sie sich vor den Spiegel. Schreiben Sie nun den Namen Ihres Geliebten oder Ihrer Geliebten mit Tinte oder Bleistift auf ein weißes Blatt. Ziehen Sie im Uhrzeigersinn drei Kreise um den

Namen. Legen Sie das Blatt offen unter den Spiegel. Dies ist ein sanftes Binderitual, bei dem Sie die Aura des Geliebten aus Ihrer intuitiven Sicht beschwören. Es erleichtert den Blick in den Spiegel, da sich durch diese Präsenz rascher ein Bild des Gerufenen formt.

Blicken Sie in den Spiegel und sprechen Sie dazu den Namen des Geliebten laut aus. Bleiben Sie entspannt, auch wenn Sie die Anwesenheit des Gerufenen bereits spüren können. Der Spiegel wird sich zunächst kurz vernebeln, ehe ein kurzer Funkensturm den Nebel vertreibt. Die Farbe der Funken sagt bereits etwas über die Stimmung der Sicht. Rot ist die Liebe, rosa die Liebelei, orange der Seitensprung und blau die kalte Schulter, während grün der gute Kumpel bleiben wird. Sehen Sie also Rot, werden Sie die Sicht guten Mutes fortsetzen.

Achten Sie diesmal auf die Oberfläche des Spiegels. In ihr sehen Sie den Umriss Ihres Gesichtes. Dahinter werden Sie Bewegungen sehen, die vom Rand her unter Ihrem Schattenriss hinwegziehen. Empfinden Sie diese Bewegungen in harmonischen Farben, ist Ihr Miteinander von starker Sympathie getragen. Der Spiegel bezeugt eine starke Freundschaft. Blicken Sie weiter entspannt in den Spiegel, was er Ihnen noch zu sagen hat. Sprechen Sie den Namen des Geliebten laut aus, das Bild wechselt dann schneller.

Aus der Tiefe des Spiegels steigt das Bild des Liebsten auf. Es schiebt sich unter Ihr Gesicht. Mögen Sie dies, dürfen Sie weitermachen. Missfällt es Ihnen, brechen Sie die Sicht ab, denn dann passen Ihre Gefühlsebenen nicht zusammen und aus der Verliebtheit würde bald ein Zerwürfnis werden. Vermischt sich bei der weiteren Sicht das Bild des Liebsten mit dem Ihren auf der Oberfläche des Spiegels, ist dies ein Zeichen für eine leidenschaftliche Liebe. Sie müssen ihr dann nur noch in der Wirklichkeit gerecht werden und aufeinander zugehen.

Das Feuer entfachen

Manchmal sind wir zu scheu, um unsere Träume in der Wirklichkeit zu leben. Wir fürchten uns davor, dass sie zerstäuben. Lieber träumen als lieben, ist dann das Motto. Dabei fehlt oft nur ein kleiner Anstoß, der den Funken schlägt, der das Feuer der Liebe entzündet. Über den Zauberspiegel können Sie diesen Funken erzeugen. Danach müssen Sie bei einer wirklichen Begegnung nur noch in die Glut blasen, damit ein Brand entsteht.

◦   VORBEREITUNG: Bei diesem Ritual werden Sie ausnahmsweise eine Lichtquelle vor den Spiegel stellen. Zur Vorbereitung auf das Ritual binden Sie zwei Kerzen mit einem roten Faden zusammen und heften sie an einen Untersatz, der das Wachs auffängt. Stellen Sie die beiden Kerzen unangezündet vor den Spiegel und starten Sie die Sicht mit Ihrem Schlüsselwort, sobald Sie körperlich und geistig entspannt sind. Der Spiegel wird sich in gewohnter Weise verschleiern und nach einem kurzen Funkensturm klären. Rufen Sie jetzt den Namen Ihres Liebsten dreimal. Sie werden daraufhin ein Bild von ihm im Spiegel sehen. Ziehen Sie dieses Bild möglichst nah zu sich, am besten wäre es, wenn es knapp unter der Oberfläche ankert.

◦   DAS RITUAL: Sobald Sie den Eindruck haben, dass Ihnen Ihr Liebster auch atmosphärisch nahe ist, entzünden Sie die beiden Kerzen. Das Bild im Spiegel wird daraufhin verblassen. Stattdessen sehen Sie im Widerschein der Kerzen auf der Spiegeloberfläche farbige Schleier, die sich um den Schattenriss des Gesichtes bewegen.
Formen Sie nun aus Ihren Händen ein Herz. Dies geschieht, indem sich Ihre Daumen mit den Spitzen berühren und sich in etwas Abstand davon die Zeigefinger gleichfalls mit den Spitzen

berühren. So umfassen Sie ein Herz, das mit der Spitze nach oben zeigt.

Halten Sie Ihre Hände vor die Kerzenflammen und blicken Sie durch das Herz an den Flammen vorbei in den Spiegel. Sie sehen die tanzenden Schleier, die Flammen und die herzförmige Öffnung der Hände. Konzentrieren Sie sich auf seine Öffnung, und sehen Sie, wie Schleier Ihrer Aura dieses Herz füllen und heller werdend in den Spiegel sinken. Blicken Sie weiter, formt sich daraus ein Lichtstrahl, der tief in den Spiegel scheint. Dies ist der Impuls heißer Liebe. Er wird ebenso in das Herz Ihres Liebsten dringen. Es wird nur ein kurzer, aber kräftiger Lichtimpuls sein.

○   AUSKLANG: Danach wird der Spiegel sich wieder klären und eine dunkle Fläche sein, vor der zwei Kerzen eng zusammen brennen. Das Wachs wird durch die Hitze rascher als sonst schmelzen und an den Kerzen herunterrinnen und sich dabei vermischen. Dies ist ein gleichnishafter Zauber. Schauen Sie dem Wachs zu, wie es seine Bahn findet, blicken Sie in die Kerzenflamme und in den Spiegel und träumen Sie Ihren Traum von der Liebe. Sie gaben ihm die besten Chancen, wahr zu werden, denn Sie haben ihm einen mächtigen Strahl liebender Kraft gespendet. Sobald die Kerzen bis zum Band hinunter abgebrannt sind, löschen Sie sie und beenden das Ritual mit Ihrem Schlusswort.

○   JUNGE UND ALTE LIEBE: Dieses Liebesritual ist für die junge wie für die alte Liebe geeignet. Bei der jungen Liebe sind die Bande noch zart und scheu. Die Kraft des Zaubers soll Ihnen beiden helfen, ja Sie drängen, trotz Scheu aufeinander zuzugehen.

Bei einer alten Liebe ist es ein wenig anders. Hier ist es die Gewohnheit, die zwischen Ihnen steht, und die Sie davor scheuen lässt, die wahren warmen Gefühle zu äußern. Die Liebe erkaltet so. Sie vor dem Erkalten zu bewahren und wieder zu erhitzen, ist hier der Zweck des Rituals. Um diesen Zweck zu fördern, lassen Sie die Kerzen ganz abbrennen, damit ihre ganze Hitze auf Sie beide übergeht.

Hat nur Ihr Partner im Alltagstrott die Liebe vergessen, können Sie ihn mit diesem Zauber ebenfalls wieder begeistern. Allerdings sollten Sie dazu noch ein Bild oder einen persönlichen Gegenstand von ihm unter den Spiegel legen, während Sie den Zauber durchführen. Hierdurch fließt ihm Ihre gesamte, im Ritual verstärkte Leidenschaft zu. Daraufhin wird er Sie wieder mit liebenden Augen betrachten und sich höchstens wundern, wie er diesen Blick vergessen konnte.

Das Band zertrennen

Zum Liebeszauber zählt auch der Trennungszauber, sobald die Liebe erkaltet ist. Häufig will ein Partner diese Tatsache nicht wahrhaben und beginnt zu klammern, wo ein sauberer Schnitt für beide Seiten nur das Beste wäre. Hier können Sie nachhelfen, indem Sie Ihrem Partner die Trennung energetisch schmackhaft machen. Das heißt, Sie stiften einen Impuls, durch den er eine andere Sicht der Dinge gewinnt. Daraufhin wird er die Fruchtlosigkeit seines Beharrens erkennen und nicht weiter auf eine Bindung hoffen. Dies erleichtert es ihm, sich schließlich auch gefühlsmäßig zu lösen.

○   VORBEREITUNG. Legen Sie ein Stück Schnur und Schere bereit. Knoten Sie die Schnur zu einer Schlinge. Stellen Sie den Spiegel auf ein hellblaues Tuch. Es symbolisiert erkaltete Gefühle. Damit geben Sie bereits ein deutliches Signal in Ihren Zauber. Ansonsten belassen Sie Ihren Kraftplatz schlicht und ungeschmückt. Er soll keinesfalls einladend wirken. Wischen Sie mit der rechten Hand nach links einmal den Spiegelrand entlang. Sprechen Sie dazu den Namen Ihres Partners, den Sie verabschieden wollen. Mit dieser kleinen Geste zwingen Sie seine Energie herbei, damit Sie den Zauber durchführen können.

○　　Die Trennung. Beginnen Sie jetzt mit der Spiegelsicht. Sobald sich die Schleier gelichtet haben, wird ein Bild Ihres Partners im Spiegel erscheinen. Es wird etwa eine Handbreit unbewegt unter der Spiegeloberfläche ruhen. Dafür zeigen Schleierbewegungen um das Bild die Stimmung in Form und Farbe. Sprechen Sie hörbar zu dem Bild. Begrüßen Sie Ihren Partner und danken Sie ihm für das Zusammensein; schließlich verbrachten Sie mit ihm auch eine glückliche Zeitspanne. Nach dem Dank nehmen Sie die zuvor bereitgelegte Schlinge und schneiden Sie sie mit der Schere auf. Dazu sagen Sie, dass Sie die schönen Augenblicke als gemeinsame Erinnerung bewahren wollen, dass es aber jetzt an der Zeit sei, die Verbindung zu lösen.

○　　Die Liebe wegknoten. Knüpfen Sie jetzt einen Knoten nach dem anderen in die Schnur. Sprechen Sie dazu weiter zu Ihrem Partner. Sagen Sie ihm, dass die Trennung endgültig ist und dass er sich von Ihnen lösen und eigene Wege gehen muss. Mit jedem Knoten, den Sie in die Schnur knüpfen, knoten Sie alte Gefühle und Bindungen hinfort. Die alte Bindung geht in die Knoten der Schnur über. Sie sehen dies an den Schleiern im Spiegel, die mit jedem Knoten mehr Blautöne annehmen. Zum Ende wird das Bild Ihres Partners von einem blauen Schleier überdeckt sein und die Sicht verblassen. Sprechen Sie daraufhin Ihr Schlusswort. Verwahren Sie den Spiegel und werfen Sie die Schnur mit den Knoten fort. Sie brauchen sie nicht mehr, denn Ihre Beziehung hat sich mit jedem

Knoten weiter aufgelöst. Sie ist endgültig Vergangenheit geworden. Diese Veränderung wird auch Ihr Partner ebenso deutlich spüren und akzeptieren.

Der Spiegel als positives Kraftzentrum

Ein magischer Spiegel ist wie ein Kescher, mit dem wir im großen Fluss der Energien fischen. Wir tauchen ihn ein und erhaschen gerade jenen Teil der Kraft, die in ihm sichtbar wird. Je deutlicher wir das Ziel zuvor bestimmen, desto exakter erscheint es uns letztlich auch im Spiegel. Hier hat der Spiegel Ähnlichkeit mit einem Rundfunkempfänger. Wir drehen seine Skala auf eine bestimmte Welle und empfangen das gewünschte Signal in aller Präzision. Diese Eigenschaft des Spiegels, so empfindsam eine zuvor bestimmte Kraft einzufangen, macht ihn auch zu einem idealen Instrument, um mit magischen Energien zu arbeiten.

Der Begriff »magische Energien« lässt sich weit fassen. Es sind jene verborgenen Kräfte, die Körper, Geist und Seele beleben und lenken. Mit ihnen begeistern wir uns selbst und andere. Durch sie stehen wir in Verbindung mit dem Übersinnlichen, erlangen Heilkraft und nähren unsere Intuition. Seelische und geistige Entwicklungen entstammen diesem Ausfluss von Lebenskraft. Magische Energien sind die Kräfte, die Himmel und Erde zusammenhalten. Es sind gute, lebensbejahende Energien, die unser Dasein harmonisieren und schlechte Kräfte abweisen. Schlechte Energien entstammen meist Neid und Habgier. Sie werden von Menschen und Dämonen geschickt, die uns unsere Harmonie missgönnen. Die magischen Spiegelkräfte stehen diesen schlechten Energien entgegen. Ein Spiegel ist, weil er die Wahrheit kündet, stets eine Quelle positiver Kraft. Wer dennoch einen Zauberspiegel in negativer Weise einsetzt, missbraucht die guten Kräfte und zerbricht den Spiegel in symbolischer Weise. Sieben Jahre Pech sind dann die Folge. Wer also die guten Kräfte missbraucht, verstößt sein Glück. Es aber wieder zu heben, braucht sehr viel Zeit und guten Willen, denn das Glück ist scheu.

Da ein Zauberspiegel von sich aus bereits eine Quelle guter Kraft ist, ist er auch bestens dafür geeignet, gute Energiequellen zu installieren und mögliche schlechte Kräfte zu bannen. In diesem Sinne ist ein Zauberspiegel in Ihrem Haus bereits ein Talisman, der Ihnen Glück bringen wird. Allein die Tatsache, dass er Ihnen die Farben Ihres Glückes zeigte, sind Beleg für diese ungewöhnliche Eigenschaft.

○   EINE GLÜCKSGESTE. Sollten Sie einmal in Ihren Spiegel blicken und dabei das Gefühl haben, dass die Kräfte um Sie herum nicht in gewohnter Harmonie schwingen, können Sie sie ohne großen Aufwand wieder ausgleichen, indem Sie mit leichter Hand die trüben Schleier im Spiegel zur Seite wischen. Schnippen Sie dazu noch mit den Fingern und denken Sie an die Farben Ihres Glückes. Sie werden augenblicklich im Spiegel erscheinen. Abschließend klatschen Sie noch in Ihre Hände und Sie haben die guten Kräfte erneut besiegelt.

Diese Geste können Sie auch ohne den Spiegel durchführen. Sie wirkt trotzdem, weil Sie mit ursprünglichen Energien kommunizieren, die Sie durch Ihre Spiegelmeditationen längst abrufbar mit sich tragen.

Mein Schutzengel im Spiegel ∞

Die stärkste und wirksamste positive Kraft ist die Energie, die uns von unserem Schutzengel gesandt wird. Wir können ihn ebenso wie unser Glück im Spiegel sehen. Treten wir über den Spiegel mit unserem Schutzengel in Kontakt, lernen wir mit ihm die Quelle einer besonderen positiven Kraft kennen.

Im Grunde ist es nichts Besonderes, seinen Schutzengel im magischen Spiegel zu sehen. Mein Großvater, der während seines langen Lebens für tausende von Menschen in den Spiegel geblickt hatte, verriet mir, dass er fast bei jedem seiner Besucher auch deren Schutzengel gesehen hatte. Es war stets ein kleiner weißer Lichtpunkt gewesen, der meist im oberen Teil des Spiegels blinkte. Dies, so sagte mir mein Großvater, war das Licht des Schutzengels, der mit dem Menschen war. Er hörte zu, wenn mein Großvater seine Sicht deutete, um den Menschen danach sicher zu geleiten. Womöglich ist Ihnen während Ihrer Sichten ebenfalls ein solch heller Lichtpunkt im Zauberspiegel aufgefallen. Er signalisierte Ihnen die Anwesenheit Ihres Schutzengels, der Sie bei Ihrer Schau vor unguten Einflüssen behütete.

○   DEN ENGEL BEGRÜSSEN. Blicken Sie bewusst auf der Suche nach Ihrem Schutzengel in Ihren Zauberspiegel. Sobald sich die Schleier im Spiegel auflösen, konzentrieren Sie Ihren Blick auf die Spiegeloberfläche. Sie werden den Umriss Ihres Kopfes sehen. Beachten Sie das Kopfende. Hier sehen Sie knapp unter der Oberfläche einen kleinen Lichtpunkt. Dies ist das Zeichen für die Anwesenheit Ihres Schutzengels.

Wollen Sie mit ihm Kontakt aufnehmen, so begrüßen Sie ihn und laden ihn ein, mit Ihnen gemeinsam in den Spiegel zu blicken. Sagen Sie: »Mein lieber Engel, sei willkommen. Ich danke dir für das Zeichen, das du mir gibst. Ich freue mich, dass du bei mir bist, mich begleitest und beschützt. Liebend gerne möchte ich mit dir gemeinsam bewusst ein paar Schritte auf meinem Lebensweg gehen. Ich bitte dich, begleite mich bei meiner Sicht in den Spiegel hier. Hilf mir bei meiner Meditation. Lass mich die Harmonie erkennen, die du für mich bewahrst.«

○   In Kontakt mit dem Engel. Möchte sich Ihr Engel Ihnen mitteilen, wird sich das Bild zügig verändern. Von dem Lichtpunkt aus werden Schleier unter dem Umriss Ihres Gesichtes hinwegziehen und sich im Spiegel verteilen. Der Lichtpunkt rückt dabei ins Zentrum des Spiegels und die Schleier werden sich zu farbigen Mustern wandeln, die aus dem Lichtpunkt entstehen und zum Spiegelrand streben. Dies ist die Oberfläche der angebotenen Meditation. Lassen Sie sich auf sie ein, werden Sie durch die Betrachtung der Muster in eine andere Sphäre gleiten. Sie werden dabei die Güte, Kraft und Wärme Ihres Schutzengels spüren. In dieser Sphäre herrscht wahre Harmonie. Sie fühlen sich geborgen und beschützt. Dies ist der Ort Ihrer inneren Heimat. Hier sprudelt die Quelle, die Ihre Seele labt, Ihren Geist erfrischt und Ihren Körper stärkt, auf dass Sie Ihren Alltag unbeschadet überstehen.

○   Dank an den Engel. Wenn Sie mit Ihrem Schutzengel an diesem Ort verweilen, ist es auch an der Zeit, dass Sie ihm Ihren Dank aussprechen, für all das, was er für Sie getan hat. Er hat Sie vor Folgen von Gefahren behütet, die Sie leichtsinnigerweise eingingen. Er hat ebenso viele Gefahren von Ihnen abgewendet, die Sie nicht kommen sahen, und er hat Sie immer wieder auf den richtigen Pfad geführt, wenn Sie von Ihrem Lebensweg abkamen. Er war selbst dann um Sie besorgt, als Sie es ihm nicht leicht gemacht hatten und Ihr Schicksal eigensinnig herausforderten. Für all das sollten Sie ihm jetzt hörbar Ihren Dank aussprechen.

Vielleicht zeigt sich Ihnen daraufhin auch Ihr Engel in seiner ganzen Pracht. Auch kann es sein, dass Sie seine Stimme hören. In jedem Fall werden Sie spüren, wie sich das Band zu ihm belebt und Sie einander ein Stück näher rücken. Meditieren Sie in dieser Stimmung weiter. Sie werden dann allmählich wieder aus der Engelssphäre gleiten und gestärkt in Ihrem Alltag ankommen.

Beenden Sie darauf Ihre Sicht, indem Sie sich bei Ihrem Engel für die harmonische Weile bedanken und den Spiegel wieder an seinem angestammten Platz verwahren.

Den Schutzengel bitten

Manchmal kommt es vor, dass Sie ein besonderes Bedürfnis nach Schutz empfinden oder das Gefühl haben, Sie seien in besonderem Maße gefährdet. Es geht viel schief, Ihre Ziele geraten Ihnen aus dem Blick, Menschen rücken von Ihnen ab, Sie fühlen sich miserabel, ohne einen Grund dafür nennen zu können. Dies sind Anzeichen dafür, dass Sie Ihre Verbindung zu Ihrem Schutzengel verlieren. Merken Sie dies, müssen Sie nicht lange über die Gründe darüber nachdenken, vielmehr sollten Sie sich bei nächster Gelegenheit vor Ihren Spiegel setzen, um mit Ihrem Schutzengel zu meditieren.

Blicken Sie mit ihm auf die Bewegungen im Spiegel, finden Sie die Antwort, warum die Verbindung zu ihm brüchig wurde, wie von selbst in sich. Sie erkennen Ihre Unterlassungen und Blockaden allein durch die Betrachtung der Bilder. Sie müssen für die Zukunft auch keine Besserung geloben. Ihre Sicht allein wird eine Änderung bewirken. Sie erlangen eine innere Gewissheit, dass Sie bereits den Scheidepunkt zum Guten hin überschritten haben. Sprechen Sie jetzt hörbar zu Ihrem Schutzengel und bitten Sie ihn, die Verbindung zu Ihnen zu halten und Ihnen wieder Schutz zu gewähren. Bitten Sie ihn weiter um ein deutliches Zeichen, wann immer Sie vom rechten Weg abweichen. Bitten Sie ihn darum, dass er Ihnen helfen möge, sie wieder auf den rechten Weg zu führen.

Bleiben Sie achtsam, werden Sie im Spiegel ein Zeichen sehen, das für Ihren Engel steht. Wann immer Sie Ihren Engel rufen wollen, wird dieses Zeichen der Schlüssel sein, um augenblicklich eine Verbindung zu ihm aufzubauen. Möglicherweise werden Sie auch ein Zeichen hören, dies kann eine Liedzeile oder ein Schlüsselwort sein. Wiederholen Sie später diese Zeile oder dieses Wort, rücken Sie Ihrem Engel hörbar nahe.

Scheuen Sie sich auch nicht, Ihren Schutzengel öfters um seinen Schutz zu bitten. Schließlich ist Ihr Engel kein Bewegungsmelder, der bei Gefahr Signal gibt. Er ist ein lebendiger Teil Ihres Wesens, das ebenso geliebt und beachtet werden möchte wie Sie selbst.

Mein Großvater lehrte mich diese Bitten an den Schutzengel, als ich in jungen Jahren meinte, ich könnte mir mehr erdreisten, als recht ist. Ich verlor in dieser Zeit meine Intuition. Blickte ich in den Spiegel, blieb er eine leere schwarze Fläche. Gleichzeitig kehrte sich auch das Schicksal gegen mich. Ich war unglücklich und wusste es nicht einmal. Vielmehr glaubte ich, ich könne mein Glück herausfordern, und war dabei, es zu verspielen. Mein Großvater sah jedoch, was mit mir los war. Eines Abends sagte er zu mir: »Ich habe heute für dich in den Spiegel geblickt, dein Schutzengel wird dich verlassen. Du brauchst ihn nicht mehr. Sein Licht ist schon nicht mehr bei dir. Bald wird er dich auch aus den Augen verlieren.«

Als mein Großvater dies sagte, lief es mir kalt über den Rücken und ich erkannte mein Unglück. Als ich dann in den Spiegel sah und mit Mühe eine Sicht zustande brachte, sah ich das Licht meines Schutzengels als schwaches Glimmen abgrundtief im Spiegel. So tief hatte ich noch nie in den Spiegel geblickt. Erst wollte ich die Bitte an meinen Schutzengel nicht formulieren, weil ich mir so schlecht vorkam. Dann aber schrie ich sie heraus und war unglaublich dankbar, als mir das Licht meines Engels wieder näherrückte.

Der Schutzengel als Fahnder

Ihr Schutzengel ist nicht nur eine Quelle positiver Kraft, sondern kann auch zum Detektiv werden, wenn es darum geht, die Quelle eines Unheils aufzuspüren. Zwar wacht er über Sie und hält schlechte Schwingungen von Ihnen ab, andererseits zeigt eine fortwährende Beeinträchtigung auch Wirkung; sie ermüdet auf Dauer. Auch wissen Sie so manches Mal aus welcher Richtung Gefahr für Sie droht, doch können Sie sie nicht richtig einschätzen. Hier hilft ein Blick in den Spiegel und die Befragung Ihres Schutzengels, reicht doch sein Blick und Arm weiter als der Ihre. Wollen Sie also mithilfe Ihres Schutzengels erkunden, wo die wahren Ursachen für die schlechten Energien liegen, denen Sie sich ausgesetzt fühlen, beziehungsweise was für Fallen auf Sie in der Auseinandersetzung mit einem Gegner warten, laden Sie Ihren Engel zu einer Sitzung ein. Ziehen Sie sich an Ihren Kraftplatz zurück und bauen Sie den Spiegel auf. Bevor Sie im Spiegel den Kontakt mit Ihrem Schutzengel suchen, beschreiben Sie Ihr Anliegen mit lauter Stimme für sich. Dies dient zum einen Ihrer Sammlung und zum anderen dem Aufbau einer stimmigen Atmosphäre. Schließlich wollen Sie diesmal nicht mit Ihrem Schutzengel meditieren, sondern ein Übel dauerhaft bannen.

Beginnen Sie anschließend mit Ihrer Sicht. Sobald Sie das Licht Ihres Schutzengels sehen, sprechen Sie Ihr Anliegen erneut an. Fassen Sie sich diesmal kurz. Bitten Sie Ihren Schutzengel, Ihnen die Quelle des Übels zu offenbaren. Hierauf wird das Bild im Spiegel rasch in Bewegung geraten, und Sie werden das Gefühl haben, als würde Ihr Geist in den Spiegel gezogen und auf ein Ziel zugelenkt. Lassen Sie diesen Sog zu, werden die Bilder im Spiegel sehr konkret werden. Dies können unmissverständliche Symbole, Farben, Buchstaben oder auch klare Bilder sein. Diese prägnante Sicht entsteht, weil Ihr Schutzengel Ihre Sprache spricht. Er weiß, wie Sie den Blick auf die Quelle am besten deuten können.

Die Sicht ist zudem meist recht kurz. Dies mag an ihrer ungewohnten Klarheit liegen. Seien Sie darum bei diesem Kontakt sehr achtsam. Der Spiegel wird danach leer werden. Verhängen Sie darauf den Spiegel, aber beenden Sie Ihre Sitzung noch nicht. Bedenken Sie vielmehr in Ruhe Ihre Sicht. Finden Sie zu einer befriedigenden Deutung, blicken Sie erneut in den Spiegel. Zeigt sich darauf Ihr Schutzengel wie gewohnt als Lichtpunkt, sind Sie auf der richtigen Fährte. Sie können dann die Sicht mit Ihrem Schlusswort beenden.

Kommen Sie dagegen zu keinem klaren Schluss, oder zeigt sich das Licht Ihres Engels nicht wie gewohnt, so fragen Sie nach. Führen Sie vor dem Spiegel ein Gespräch mit Ihrem Engel. Bitten Sie ihn, er möge Sie an der Hand nehmen. Bleiben Sie achtsam, denn das Bild wird sehr plötzlich und wieder nur für einen kurzen Moment aufscheinen. Deuten Sie darauf das Bild vor dem verhängten Spiegel. Anschließend beenden Sie die Sitzung mit Ihrem Schlusswort und verwahren Sie den Spiegel.

Kommen Sie dagegen wieder zu keiner Lösung, beenden Sie Ihre Sicht ebenfalls. Überschlafen Sie das Ergebnis. Wahrscheinlich werden Sie die Lösung träumen. Andernfalls können Sie am nächsten Tag einen erneuten Versuch wagen.

Der Spiegel als magischer Schild   ⚭

Die Spiegelkabinette der Fürsten entstanden nicht von ungefähr, sondern besaßen auch einen magischen Hintergrund. Man nahm an, dass durch die Spiegel böse Kräfte zurückgeschreckt und dauerhaft gebannt wurden. Weit weniger protzig sind Spiegel auch heute noch Einrichtungselemente, bei denen dieser Schutzzauber unbewusst angesprochen wird. Jedenfalls empfinden wir Räume mit Spiegeln weiter und klarer. In ihnen scheint mehr Licht und positive Energie zu sein.

Ihr Zauberspiegel ist mehr als jeder Wandspiegel ein ganz besonders wirksamer Schild, um schlechte Energien abzuweisen und gute Energien anzuziehen.

Der heilende Spiegel

Spiegel galten als heilkräftig, weil sie schlechte Energien in sich verschluckten. Die Strahlung der Krankheit fiel auf den Spiegel und in ihn hinein und weiter auf die andere Seite der Wirklichkeit. Dadurch schwand sie aus dieser Welt. Diesem Zweck dienten früher kleine rundum verspiegelte Kammern, in denen der Kranke saß und Heilung erhoffte. Heute ist dieser Spiegelzauber noch in Erinnerung, er wird nur nicht mehr so aufwendig inszeniert.

Fühlen Sie sich unwohl, oder plagt Sie ein Leiden, kann Ihnen Ihr Zauberspiegel Linderung verschaffen. Nehmen Sie dazu den Spiegel an Ihrem Kraftplatz in beide Hände und atmen Sie dreimal tief ein und aus. Behauchen Sie danach den Spiegel. Sehen Sie zu, wie der Hauch sich auflöst. In gleicher Weise soll sich Ihr Leiden auflösen. Sprechen Sie dazu den Spiegel an und sagen sie zu ihm:

> *Nimm diesen kranken Schmauch.*
> *In deine Tiefe soll er sinken.*
> *Heilsamer, lebendiger Hauch*
> *Soll vom Mond herab mir blinken.*

Sie werden daraufhin ein leichtes Blitzen im Spiegel sehen und das Gefühl haben, als wehte Sie eine Brise frische Luft an. Atmen Sie sie ein und wiederholen Sie den Zirkel Atmen, Hauchen, Sprechen wenigstens dreimal hintereinander, und das mehrmals am Tag. Räumen Sie den Spiegel zwischendurch nicht weg, verhängen Sie ihn jedoch nach jedem Ritual. Sie nehmen hierdurch der Krankheit die Kraft, indem Sie sie in den Spiegel sinken lassen. Im Gegenzug schöpfen Sie aus ihm gesunde Kraft.

Vor Schicksalsschlägen schützen

Es gibt Schicksalsschläge, die treffen uns wie ein Blitz. Vor solchem Ungemach, das einer Bestimmung gleichkommt, kann man sich nur schwer schützen. Allerdings sind solcherlei Verhängnisse eher selten. Meistens nimmt das Schicksal schon lange vorher seinen Lauf. Wir wissen, aus welcher Ecke uns übel mitgespielt werden soll, und versuchen, uns wegzuducken. Mit dem Zauberspiegel lassen sich solche Entwicklungen hemmen und abweisen. Hier wird der Spiegel zu einem echten Schild.

Wenn Sie wissen, dass Sie ein Sturm von Ungemach erwartet, sollten Sie rechtzeitig Ihren Kraftplatz aufsuchen und Ihren Zauberspiegel aufstellen. Sobald Sie zur Ruhe gekommen sind und entspannt und aufrecht vor dem Spiegel sitzen, sprechen Sie die Umstände an, deren Schatten Sie befürchten. Skizzieren Sie sie knapp, ohne sich zu wiederholen. Anschließend warten Sie, bis Sie wieder ganz entspannt sind. Lassen Sie sich hierfür Zeit. Beginnen Sie schließlich mit Ihrer Sicht.

Nachdem sich die Schleier aus dem Spiegel verzogen haben, fragen Sie den Spiegel hörbar: Welche Farbe hat mein Schild? Daraufhin werden Sie rasch farbige Wolken sehen, die ineinanderfließen und aus denen sich alsbald ein, zwei, manchmal auch drei dominierende Farben herausbilden. Dies sind die Farben der Kräfte, an denen das nahende Unheil abprallen wird. Haben Sie die Farben klar gesehen, beenden Sie Ihre Sicht.

Übertragen Sie nun die Farben auf ein weißes Papier. Malen Sie breite Streifen, als wollten Sie ein Wappenschild malen. Anschließend legen Sie den Spiegel vor sich auf das bunte Papier.

Führen Sie nun beide Hände etwa eine Handbreit über dem Spiegel hin und her, und zwar so, als ob Sie einen runden Schild polieren würden. Sprechen Sie dazu mehrmals:

Schütz mich Spiegel,
Sei mein Schild.
Schütz mich Farbe,
Sei mein Wappen.
Schütz mich Zauber,
Sei meine Wacht.

In Ihren Handflächen spüren Sie, wie sich ein Schirm aus Energie aufbaut, die Ihnen aus dem Spiegel zuströmt. Heben Sie die Hände leicht an, wird Ihnen noch mehr Kraft zufließen. Streichen Sie schließlich den Schild bis zu zwei Handspannen über dem Spiegel, beenden Sie das Ritual. Lassen Sie dazu Ihre Hände über der Spiegelfläche ruhen. Sprechen Sie den Spruch ein letztes Mal und ziehen Sie dann Ihre Hände zurück. Wahrscheinlich werden Sie den energetischen Schild über dem Spiegel als aurafarbene Linse sehen. Betrachten Sie ihn, werden Sie über Ihr Drittes Auge auch die Energie wahrnehmen, die er in sich sammelt und an den Raum abgibt. Gleichzeitig werden Sie die Kraft in Ihren Händen spüren.

Decken Sie den Spiegel diesmal nicht ab, sondern lassen Sie ihn wenigstens drei und längstens sieben Tage offen liegen. In dieser Zeit wird der erzeugte Schild fest installiert und einen dauerhaften Panzer gegen die schlechten Energien ausbilden, die auf Sie gerichtet wurden. Zudem tragen Sie einen Teil dieser Abwehrkraft mit Ihren Händen mit. Sie wird Ihre Taten veredeln und Sie werden eine starke Hand bei der Abwehr des Ungemachs haben.

Ein Tempel voll Licht

Dieses Ritual brachte mir mein Großvater bei, nachdem er sah, dass ich mich ernsthaft mit der Spiegelmagie befasste. Mein Großvater verriet mir dabei auch das Geheimnis, warum sein Arbeitszimmer mir stets in einem wundersamen Licht vorkam. Er hatte sich in ihm einen Tempel aus Licht installiert. Seine Lieblingsfarbe war Türkis. Obwohl sein Zimmer kalkweiß getüncht war, empfand ich es stets als türkis illuminiert. In diesem Zimmer, das auch sein Kraftplatz war, betrachtete er die schwierigen Fälle von Ratsuchenden im Spiegel. Anschließend erteilte er angemessenen Rat. Diese Ratschläge brachten ihm schon in jungen Jahren den Ruf ein, ein weiser Mann zu sein. Außerdem pflegte mein Großvater mit diesem Ritual eine besondere Aura. An ihr prallten alle bösen Blicke ab. Sie fielen augenblicklich auf ihre Verursacher zurück. Nur Narren wagten es deshalb noch, meinem Großvater einen schlechten Gedanken hinterherzuschicken.

Blicken Sie in den Spiegel, geben Sie Kraft in ihn hinein. Diese Kraft verstärkt sich in ihm und strahlt Ihnen entgegen beziehungsweise formt sich zu Bildern, die Ihnen etwas über sich selbst, Ihre Mitwelt und schicksalhafte Entwicklungen verrät. Folglich ist die Stimmung, mit der Sie in den Spiegel blicken, mitentscheidend für die Qualität Ihrer Sicht. Setzen Sie sich darum nicht vor den Spiegel, wenn Sie müde oder missmutig sind; Ihre Sicht würde Sie kaum heiter stimmen. Warten Sie für dieses Ritual auf einen Moment, an dem Sie wirklich entspannt und in ausgeglichener Stimmung sind. Nur dann wird es sich in seiner ganzen Prächtigkeit entfalten.

Mit diesem Ritual werden Sie an Ihrem Kraftplatz einen strahlenden Tempel installieren, in dem eine muntere Quelle edler Kraft sprudeln wird. Hierdurch erhöhen Sie Ihren Kraftplatz zu einem geweihten Ort, an dem Sie stets aufs Neue positive Energien tanken können. Hier können Sie künftig Kummer und Sorgen ablegen und mit einem gelassenen Blick voll innerer Heiterkeit auf Ihre Probleme blicken. Dieser Blick ist zugleich ein Probleme lösender Blick. Sie werden dies nach dem Ritual an sich selbst erleben.

○ DAS LICHTRITUAL. Sind Sie in guter Stimmung, räuchern Sie an Ihrem Kraftplatz mit Ihrem Lieblingsduft und zünden Sie eine Kerze in Ihrer Lieblingsfarbe an. Stellen Sie den Spiegel auf, sprechen Sie Ihr Schlüsselwort und stimmen Sie sich auf Ihre Sicht ein. Blicken Sie dazu in die Kerzenflamme und lassen Sie Ihre Gedanken schweifen. Sie werden allmählich langsamer und leichter werden, sodass Sie sich bald von ihnen befreit fühlen. Sehen Sie, wie Ihre Lieblingsfarbe von der Kerzenflamme erhellt wird und wie sie durch die Flamme im Raum aufgeht. Sehen Sie das farbige Licht um die Flamme leuchten, sind Sie bereit für das Ritual. Sagen Sie: »Aus diesem Licht will ich mir einen Tempel bauen.«

Blicken Sie nun in den Spiegel. Sobald sich der Spiegel unter Ihrem magischen Blick klärt, werden Sie aus seiner Tiefe Ihre Lieblingsfarbe als Wirbel aufsteigen sehen. Diese Sicht mag Sie an einen Blick in einen Tornado denken lassen. Sie sehen den Wirbel im Spiegel und spüren zugleich, wie er aus dem Spiegel steigt, Sie erfasst und sich weiter im Raum ausbreitet. Blicken Sie weiter in den Spiegel und schwelgen Sie in diesem Farbwirbel. Sie werden seine Energie förmlich riechen und als sphärischen Klang hören können. Atmen Sie weiter gleichmäßig, auch wenn diese Eindrücke starke Gefühle in Ihnen auslösen. Lassen Sie sich von diesen Gefühlen ergreifen, werden Sie sie noch tiefer in das Geschehen rücken und Sie werden selbst zum Wirbel. Jetzt sehen Sie auf dem Grund des Spiegels die Farbe intensiv leuchten. Dieses Leuchten überstrahlt die Bewegung des Wirbels und flutet aus dem Spiegel in den Raum. Es wird dabei an Kraft zunehmen. Sie spüren, wie Sie diese Energie umströmt. Gleichzeitig wird die

Farbe mehr und mehr zu Licht und dabei immer heller scheinen. Schließlich werden Sie im Spiegel ein helles Gleißen sehen. Greifen Sie jetzt mit Ihren Händen zu, als wollten Sie dieses Licht aus dem Spiegel heben. Die Sicht im Spiegel wird sich dabei verlieren. Dafür halten Sie das Licht jetzt in Ihren Händen. Heben Sie es mit beiden Händen in die Höhe. Stehen Sie auf und halten Sie Ihre Hände über den Kopf. Gießen Sie nun das Licht über sich aus. Es wird Ihre Aura erhellen und sich an Ihrem Kraftplatz verteilen. Sie werden spüren, wie er förmlich mit positiver Energie geladen wird.

Sprechen Sie jetzt Ihr Schlusswort und bedecken Sie den Spiegel. Bleiben Sie an Ihrem Kraftplatz, bis die Kerze von selbst erlischt. Ist sie erloschen, sprechen Sie: »Aus diesem Licht habe ich mir einen Tempel erbaut.« – Damit haben Sie die Kraft des Lichtes dauerhaft installiert.

Nach diesem Ritual werden Sie erleben, dass Ihre Sicht intuitiver wird. So werden Sie etwa beim Wahrsagen, kaum dass Sie ein Problem erkennen, die passende Lösung mit wahrnehmen. Ihr Spiegel wird zudem rascher auf Ihre Befragungen mit positiven und negativen Signalen reagieren, wodurch Sie das Schicksal weniger deuten als vielmehr lenken werden. – Ihre Sicht wird problemlösend!

Der Spiegel klärt die Atmosphäre ∞

Anhand der bisherigen Übungen konnten Sie beobachten, was für ein hochsensibles Instrument Ihr Zauberspiegel ist. Mit ihm können Sie außersinnliche Kräfte abbilden und positive Energien schöpfen. Er ist ein ideales Medium, um magische Kräfte zu beherrschen. Folglich liegt es nahe, Ihren Zauberspiegel auch für die Klärung negativer Energien einzusetzen. Man spricht hierbei gemeinhin von energetischer Reinigung.

Ich durfte einmal dabei sein, wie mein Großvater aus einem Spukhaus die Geister bannte und es wieder bewohnbar machte. Er fing die Geister mit seinem Spiegel ein, indem er ihn durch alle Räume trug und sich schließlich in den Dachboden setzte und alle Geister herbeizwang, die vom Spiegel erfasst worden waren. Sie sammelten sich als hellgelbe Harzklümpchen auf der Spiegeloberfläche. Mein Großvater trug den Spiegel zum Fluss und wusch die Geister fort. Den Spiegel vergrub er danach im Garten des Hauses. Mehrere Jahre lang hob er alljährlich den Spiegel aus, um ihn zu kontrollieren. Die Kraft des Spiegels war so stark, dass sich an ihm über drei Jahre noch Geister banden, die dem ersten Bann entkommen waren. Das Haus aber war nach dem Ritual vom ersten Tag an frei von schlechten Energien.

Dunkle Gedanken lösen

Dunkle Gedanken sind schlechte Energien, die uns in Beschlag nehmen. Sie können recht unterschiedliche Ursache haben: Da ist der Partner, der uns missachtet; da ein Kollege, der uns schlecht macht; da eine Bekannte, die uns Lügen erzählt. Auch sind es Schatten anderer Seelen, die uns nicht aus dem Kopf gehen wollen. Es ist zudem selten einfach, diese Gedanken beiseite zu schieben, glauben wir doch, dass wir sie mit gutem Grund wälzen. Am Ende der finsteren Grübelei, so meinen wir weiter, werden wir auch eine Strategie gegen das Übel gefunden haben.

Die Wahrheit sieht freilich oft anders aus. Dunkle Gedanken wirken meist wie ein Gift, das man uns verabreicht, damit wir unsere Energien binden und unsere gesunde Mitte verlieren. Wir können sie nicht anhalten, weil das Gift in uns wirkt. Also gilt es, uns magisch zu entgiften! Der Zauberspiegel hilft uns dabei.

Setzen Sie sich vor Ihren Zauberspiegel und beginnen Sie mit Ihrer Sicht. Sagen Sie zum Spiegel: »Nimm mir die schlechten

Gedanken. Befreie mich von meiner Grübelei. Sieh, wie die Gedanken in mir Kreisen. Zeige mir, wie du sie löst.«

Nachdem der Spiegel die Sicht freigegeben hat, werden Sie nur wenige Bewegungen und Farbwechsel in ihm sehen, weil er auf Ihre Gedanken wartet. Also fangen Sie an zu grübeln, lassen Sie Ihre Gedankenmühle kreisen. Behalten Sie aber den Spiegel im Blick. Beginnen sich die Gedanken zu drehen, werden auch die Bewegungen im Spiegel zunehmen. Sie werden sich wie Schlieren nach innen winden und in der Spiegelmitte sammeln. Falls das Bild Farben zeigt, werden es stumpfe Töne sein.

Nach einer Weile wird die Bewegung sich ebenso wie Ihre Gedanken verlangsamen. Sie haben sich vom Übel losgedacht. Jetzt werden Sie zuschauen können, wie sich der dunkle Gedankenfleck in der Spiegelmitte allmählich auflöst. Er wird tiefer sinken und dabei langsam verblassen. Ihre Sicht wird zum Ende kommen.

Nehmen Sie jetzt den Spiegel auf, gehen Sie mit ihm zum Fenster und öffnen es. Halten Sie den Spiegel aus dem Fenster und kehren sie ihn um, so als würden Sie eine Schale mit Wasser zum Fenster hinausschütten. So schütten Sie Ihre schlechten Gedanken fort. Sie werden daraufhin von Ihnen befreit sein. Denken Sie sie dennoch wieder, ist dies die Macht der Gewohnheit, die Sie mit einer Wiederholung des Rituals brechen können.

Schlechte Kräfte bannen

Manchmal scheint uns das Pech zu verfolgen. Auch die Stimmung um uns ist niedergedrückt, ob zu Hause oder unter Freunden, wir fühlen uns bedrückt. Das mag mal eine Laune sein, aber häufig sind dafür schlechte Energien verantwortlich, die sich an uns geheftet haben. Auslöser hierfür kann der Kontakt mit Menschen sein, die eine schlechte Aura besitzen, oder es sind Verwünschungen und neidische Gefühle, die auf uns gerichtet wurden.

Jedenfalls spüren wir, es ist wieder Mal an der Zeit, reinen Tisch zu machen.

Blicken Sie mit der Absicht in den Spiegel, die schlechten Energien aufzuspüren, werden Sie, kaum dass sich die Schleier im Spiegel lichten, einen Eindruck von ihnen erhalten. Sie sehen die Farben des Neides, des Zornes und der üblen Nachrede. Sie sehen die bekannten Muster der schlechten Energien. Sie zeigen sich nur selten in konkreten Bildern. Dafür sehen Sie, aus welcher Richtung sie kommen, denn sie fließen erkennbar von einem Punkt her in den Spiegel. Fragen Sie jetzt den Spiegel nach dem Verursacher der schlechten Energie. Sie werden darauf in den Mustern deutliche Zeichen sehen, die auf eine Person oder die Umstände hindeuten. Es sind Zeichen, die mit der Person beziehungsweise den Umständen in Zusammenhang stehen. So kann eine rote Schliere auf eine rothaarige Person verweisen. Es könnte aber auch auf ein Lokal deuten, in dem Sie mit schlechten Kräften konfrontiert wurden.

Sobald Sie die auslösende Person oder Ursache erkennen, nennen Sie sie beim Namen beziehungsweise beschreiben Sie den Grund mit wenigen Worten. Der Spiegel wird Ihnen Ihre Vermutung mit einem positiven Signal bestätigen; meist wird er für einen Augenblick heller. Nehmen Sie daraufhin den Spiegel mit beiden Händen und halten Sie ihn in die Richtung, aus der die negativen Energien in ihn einströmten. Heben Sie ihn auf Augenhöhe und sprechen Sie:

Nimm zurück, was du mir gabst.
Nimm zurück, was du mir sandtest.
Nimm zurück, was du auf mich warfst.
Nimm deine Kraft aus diesem Auge.

Danach legen Sie den Spiegel vor sich. Er ist nun wieder klar. Wischen Sie mit dem Tuch über ihn und sprechen Sie dazu:

Verschließe dich, mein Spiegel.
Lass diese Kräfte nicht zurück.
Bleib klar und sei mein Siegel.

Lassen Sie den Spiegel über einen Tag und eine Nacht offen liegen. Wiederholen Sie anschließend Ihre Spiegelschau. Sie werden keine negativen Kräfte mehr im Spiegel sehen. Beenden Sie das Ritual mit Ihrem Schlusswort und verräumen Sie den Spiegel mit Dank und geflüstertem Schlüsselwort. Sie sollten ihn an diesem Tag nicht wieder benützen.

Räume klären

Weil Ihr Zauberspiegel negative Kräfte auf ihre Verursacher zurückspiegelt, ist er auch das richtige Instrument, um schlechte Energien aus Räumen zu lösen. Solche schlechten Energien können sich bereits nach einem Streit in Ihrem Zimmer verfangen. Deshalb empfiehlt es sich, in Abständen die eigenen Räume energetisch zu reinigen. Hatten Sie viele Gäste in Ihrer Wohnung zu Besuch, können Sie die zurückgelassenen Energien mit dem Spiegel auskehren. Das Gleiche gilt, falls Sie neue Räume beziehen und die verbliebenen Energien der Vormieter in ihnen auslöschen wollen.

Stellen Sie den Spiegel vor sich auf und blicken Sie in ihn in der Absicht, seine positive Kraft zu wecken. Diese Kraft ist Ihre positive Energie, die Sie während Ihrer Sitzungen in den Spiegel fließen ließen. Sie wird Ihnen aus dem Spiegel verstärkt entgegenstrahlen. Doch zunächst gehen Sie in der üblichen Weise vor. Sie flüstern Ihr Schlüsselwort und sehen zu, wie die Nebelschleier von Funken verweht werden. Ist der Spiegel geklärt, wird er zunächst leer wirken. Blicken Sie tiefer in ihn hinein, werden Sie an seinem Grund ein schwaches Glimmen bemerken. Fokussieren Sie dieses Glimmen, wird es rasch stärker werden und zu leuchten beginnen. Blicken Sie weiter in den Spiegel. Das Leuchten wird zunehmen und nach einer kurzen Weile werden Sie den Eindruck gewinnen, sie blickten in einen Scheinwerfer.

Dies ist der richtige Moment, um mit der Klärung zu beginnen. Sprechen Sie folgenden Spruch:

> *Bewahre dein Leuchten*
> *Erhalte mein Scheinen*
> *Gieße aus die Kraft*
> *Kehre fort zum Reinen.*

Gleichzeitig stehen Sie auf und nehmen den Spiegel in beide Hände. Halten Sie ihn in Herzhöhe vor sich und richten Sie seine Spiegelfläche in den Raum. Jetzt gehen Sie mit ihm durch die Räume und leuchten mit ihm jedes einzelne Zimmer rundum aus. Dazu stellen Sie sich in die Zimmermitte und drehen sich langsam um Ihre Achse. Den Spiegel bewegen Sie dabei so, als ob Sie Wände, Boden und Decke mit ihm ausleuchten würden. Tatsächlich leuchten Sie die Räume magisch aus und vertreiben dadurch die dunklen Energien. Die Wirkung Ihres Tuns können Sie manchmal an üblen Gerüchen erkennen, die sich während des Rituals unversehens bemerkbar machen. Lassen Sie sich also davon nicht irritieren, sie sind nur ein Zeichen dafür, dass Sie auf dem richtigen Weg sind.

Haben Sie alle Räume geklärt, öffnen Sie die Fenster, damit die letzten Reste des üblen Hauches entweichen können. Den Spiegel lassen Sie über Nacht an Ihrem Kraftplatz offen liegen.

○ GEGENSTÄNDE ENERGETISCH REINIGEN. In ähnlicher Weise lassen sich auch Gegenstände von schlechten Anhaftungen befreien. Dies kommt vor allem bei gebrauchten Gegenständen vor, die man in Besitz nimmt. Sie spüren dies an der kühlen Aura, die von ihnen abstrahlt. Halten Sie Ihre Hand über einen solchen Gegenstand, spüren Sie diese Kälte in Ihrer Handfläche.

Führen Sie das beschriebene Ritual durch, bis Sie den vollen Schein im Spiegel sehen. Sprechen Sie den Spruch und legen Sie den Spiegel mit seiner Fläche nach oben auf den Tisch. Legen Sie den betroffenen Gegenstand auf den Spiegel. Lassen Sie ihn dort über Nacht liegen. Ist der Gegenstand zu groß, legen Sie den Spiegel mit der Spiegelfläche auf ihn. Am anderen Morgen wird Ihnen der von allen negativen Anhaftungen befreite Gegenstand wie neu erscheinen.

Magische Kräfte spiegeln

So manches Mal wurde mein Großvater gebeten, einen Liebesgruß an einen entfernten Geliebten zu schicken. Der Geliebte sollte spüren, dass man an ihn dachte. Mein Großvater schrieb dann mit seinem Zeigefinger den Liebesgruß auf den Spiegel, sobald sich das Bild des Angerufenen in ihm zeigte.

In gleicher Weise können Sie gute Gedanken an jemanden schicken. Dies eignet sich zum Beispiel, wenn Sie wissen, dass ein Freund in einer Prüfung sitzt oder gerade eine schwierige Verhandlung führt. Ebenso können Sie auch einfach einen kleinen magischen Gruß an jemanden schicken, um ihn zu stärken.

Was Sie mit diesem Spiegelzauber bewirken, basiert auf dem Prinzip gezielt gelenkter Energie. Sie beschwören die Kraft, die Sie gleichzeitig im Spiegel bündeln und schließlich durch ihn an den Empfänger senden. Der Schwarzspiegel als magischer Raum und magische Linse ist hierfür ein besonders geeignetes Instrument, wie Sie bereits bei den vorausgegangenen Übungen erfahren konnten.

○   DAUERHAFT BANNEN. Bannen Sie wie in den Übungen zuvor schlechte Kräfte, dann spiegeln Sie sie in die Richtung zurück, aus der sie auf Sie gerichtet wurden. Bei diffusen unguten Kräften, die Sie aus allen Richtungen erfassen, fehlt die Richtung, in die Sie sie zurücklenken könnten. Die Quelle hierfür ist meist eine allgemeine Missstimmung. Einer solchen Kraft sollten Sie sich dauerhaft verschließen.

Hierzu machen Sie sich die Kraft im Spiegel sichtbar und lenken sie zu einem Wirbel. Sobald die Kraft zu drehen beginnt, ziehen Sie sie mit Ihrer Willenskraft an die Oberfläche des Spiegels. Halten Sie jetzt vor den Spiegel einen bereitgelegten goldenen Ring, wirbelt die negative Energie durch ihn hindurch. Sie ist fortgeweht! Damit sie auch nicht mehr zurückfließen kann, waschen Sie den Ring unter fließendem Wasser ab.

○ STÖRENDE KRÄFTE ABLENKEN. Bei einer anderen Möglichkeit, diffuse Kräfte abzuwehren, legen Sie den offenen Spiegel flach in beide Hände. Stellen Sie sich vor, wie aus Ihren Handflächen eine abwehrende Energie in den Spiegel strömt. Sie werden diese Übertragung in Ihren Händen spüren. Nach einer kurzen Weile werden Sie eine graublaue Lohe über der Spiegelfläche sehen. Das ist die Kraft, mit der Sie den Spiegel geladen haben. Richten Sie daraufhin Ihren Schwarzspiegel in einem Dreißig-Grad-Winkel zum Fenster aus. Die störenden Energien werden daraufhin vom Spiegel aus Ihren Räumen gelenkt. Sie können den Spiegel in dieser Weise für längere Zeit stehen lassen. Allerdings müssten Sie ihn danach wieder neu weihen, da über die Tage zu viel fremde Kraft durch ihn floss.

In gleicher Weise lassen sich auch permanente Kräfte oder Eintrübungen ableiten. Damit sind schlechte Energien gemeint, wie sie etwa häufig bei Scheidungen über lange Zeit fließen, weil ein Partner vom anderen verwünscht wird. Hier stellen Sie den Spiegel direkt Ihrer Haustür gegenüber auf, damit die auf Sie gerichtete negative Kraft wirksam abgewiesen wird. Bekanntlich dringen derlei negative Energien über die Haustür auf uns ein. Durch sie ging der Partner und durch sie will er mit seiner schlechten Kraft zurückkehren.

Zauberkraft senden ∞

Sie können die Kraft eines Zaubers verstärken, indem Sie ihn vor dem Spiegel durchführen. Der Spiegel nimmt die Kraft des Zaubers und reflektiert sie zugleich wieder. Hierdurch lädt sich der Zauber mit seiner eigenen Energie auf.

Noch kräftiger wird ein Zauber, wenn Sie zuvor den Spiegel aktivieren. Das bedeutet, Sie blicken in ihn, um ihn zu öffnen, jedoch ohne eine konkrete Sicht auslösen zu wollen. Hierzu setzen Sie sich in gewohnter Manier entspannt und aufrecht vor den Spiegel, flüstern Ihr Schlüsselwort und richten Ihren Blick tief in die schwarze Scheibe. Der Spiegel wird sich daraufhin eintrüben und kurz darauf werden die entstehenden Schleier wie gewohnt durch einen Funkenflug gelöst worden sein. Danach sehen Sie in den Spiegel wie in einen tiefen Brunnenschacht, auf dessen Grund die dunkle Sohle glänzt. Sprechen Sie jetzt einen Zauber vor dem geöffneten Spiegel, werden Sie die Kraft, die Sie damit auslösen, förmlich auf Ihrer Haut spüren.

In dieser Weise können Sie unterschiedliche magische Rituale verstärken und deren Energie ihrer Bestimmung zielgenau zuführen.

Pentagrammbotschaft

Ein Pentagramm ist das magische Symbol schlechthin. Ziehen Sie ein Pentagramm vor dem Spiegel, aktivieren Sie Ihre magische Energie. Ziehen Sie das Pentagramm so, wie bereits im Kapitel »Die Weihe des Spiegels«, S. 22 f., beschrieben.

Ein so gezogenes Pentagramm spricht alle guten Kräfte in Ihnen und um Sie herum an. Mit dieser Energie schützen Sie sich und Ihr Ritual. Schlechte Kräfte können Ihren Zauber nicht mehr beeinflussen. Er wird zu einem durchdringenden Strahl guter Kraft.

Sprechen Sie, nachdem Sie das Pentagramm gezogen haben, in den Spiegel, wem Sie Ihren Zauber zudenken und was er bewirken soll. Sprechen Sie den Zauber ohne Umschweife und in kurzen Sätzen an, beispielsweise: »Dies ist der Zauber. In meiner Prüfung sollen mir nur solche Aufgaben gestellt werden, die ich gut beantworten kann. Zauber wirke!«. Hierauf werden Sie ein kurzes Flimmern in der Tiefe des Spiegels sehen. Der Zauber ist durch den Spiegel geflossen und auf seinen Weg geschickt. Er wird seinem Ziel zustreben und sich an ihm mit aller Macht entfalten.

Das Schöne an diesem Spiegelzauber ist, dass er wirklich nur gute Kräfte anspricht. Sie können ihn daher ruhigen Gewissens durchführen. Sollten Sie schlechte Absichten mit ihm verfolgen, wird er wirkungslos bleiben.

Jemanden zum Handeln bewegen ∞

Viele Probleme entstehen, weil jemand nicht so handelt, wie wir es von ihm erwarten. Manch widerborstigen Zeitgenossen versuchen wir durch Worte, Gesten und Versprechungen in unserem Sinne zu beeinflussen. Dabei geben wir sehr viel Energie in diese Absicht. Mit dem Zauberspiegel können wir das Spektrum der eingesetzten Energie noch um eine magische Kraft erweitern. Vielfach ist es gerade diese Komponente, die zu guter Letzt den entscheidenden Impuls gibt.

Mein Großvater griff so manches Mal zu seinem Zauberspiegel, um eine Situation zum Besseren zu beeinflussen. In einem besonderen Fall manipulierte er mit magischer Kraft ein verfahrenes Geschäft, sodass es doch noch zu einem guten Ende kam. Ein Nachbar hatte meinen Großvater um Rat gebeten. Er war bei einem Geldverleiher mit seinen Ratenzahlungen in Verzug. Der wollte ihm jedoch keinen Aufschub mehr gewähren, obwohl er bald wieder gute Einnahmen hätte. Würde er jetzt aber gepfändet, wäre sein Geschäft am Ende und der Geldverleiher bekäme ob des Verlustes selbst Schwierigkeiten. Mein Großvater setzte sich vor seinen Spiegel und sprach mehrmals vor sich hin: »Aufschub soll er gewähren«. Als er das Gefühl gewann, dass diese Kraft zu spürbarer Dynamik reifte, begann er mit seiner

Sicht. Die Farbe der Kraft, ein sattes Blaugrün, war im Spiegel zu sehen. Mein Großvater ließ sie kreisen. Diese Bewegung verstärkte sich, gleichzeitig wurde die Farbe immer reiner und nahm an Leuchtkraft zu. Schließlich nahm sie fast die ganze Spiegelfläche ein und schien dabei aus dem Spiegel zu strahlen. Dies war der Moment, an dem mein Vater das Bild des Geldeintreibers aufrief. Er erschien schemenhaft in der Tiefe des Spiegels, gleichzeitig strömte ihm die Kraft zu und überdeckte sein Bild.

Mein Großvater ließ den Spiegel offen liegen. Am nächsten Tag ging sein Nachbar zum Geldeintreiber und erhielt die gewünschte Stundung. Dadurch blieb beiden Männern ein Desaster erspart.

Richten Sie in gleicher Weise Ihre Wunschkraft beziehungsweise Ihre Zauberkraft auf eine Person, werden Sie sie energetisch beeinflussen. Allerdings müssen Sie dann Ihren Vorstellungen auch in der Wirklichkeit Nachschub verleihen. Allein durch eine magische Lenkung Ihrer Wunschenergie werden Sie nur selten den gewünschten Erfolg haben. Der Grund hierfür ist einfach, die meisten Menschen haben nicht genügend lebendige Intuition, um die sie anwallende Energie richtig zu deuten. Sie fühlen sich zwar durchaus ergriffen, wissen jedoch nicht, in welche Richtung Sie dank der magischen Hilfe vom Schicksal gestoßen werden sollen.

Mit dem Spiegel zaubern

Weil Ihr Zauberspiegel um die Wahrheit weiß, ist er besonders gut geeignet, einen Zauber unverfälscht an sein vorgesehenes Ziel zu lenken. Der Spiegel erkennt die Stimmung, in der ein Zauber getätigt wird, bis in seine feinsten Nuancen. Diese Stimmung trägt einen Zauber und beeinflusst sein Ziel. Der Spiegel nimmt die Stimmung oft besser wahr als man selbst, da man sich in seinen Motiven selbst gerne täuscht. Dies kann einen Zauber, den Sie über den Spiegel lenken, durchaus brisant machen. Denn er kann anders ankommen, als Sie ihn vordergründig bedacht haben. Schicken Sie zum Beispiel jemandem Kraft für ein Geschäft, das sie ihm gleichzeitig uneingestanden neiden, schicken Sie ihm nicht nur aufbauende Energien, sondern säen auch einen zerstörerischen Keim. Sie sollten sich also selbst gut prüfen, ehe Sie die Macht des Spiegels einsetzen.

Der Spiegel kennt nicht nur die wahren Motive für einen Zauber, sondern auch sein Ziel. Hierdurch rücken sich in ihm Quelle und Ziel des Zaubers ungewöhnlich nahe. Denn sobald Sie das Ziel des Zaubers vor dem Spiegel nennen oder herbeirufen, ist es direkt mit ihm konfrontiert. Das bedeutet, der Zauber belegt sein Ziel, noch ehe er überhaupt abgeschickt wird. Das Ziel wird demnach zeitgleich mit dem Ritual für den Zauber vorbereitet. Trifft der Zauber schließlich auf sein Ziel, kann er sich, weil erwartet, mit seiner ganzen Kraft entfalten.

Ein Amulett aufladen ∞

Stiften Sie sich selbst ein Amulett. Ein Amulett aus Silber ist am besten für den Spiegel geeignet. Denn Silber gilt als Mondmetall und ist damit von der gleichen Kraft durchdrungen wie der Zauberspiegel. Ein Amulett kann ein silberner Anhänger oder Armband sein, es kann aber auch ebenso gut ein silberner Bilderrahmen sein, mit dem Sie ein Bild Ihrer Liebsten umrahmen. Ein Amulett müssen Sie nicht mit sich tragen. Es ist ein Glücksbringer und Schutzzeichen, durch das schlechte Energien abgewiesen werden und gute herbeigezogen werden sollen. Sie können also Amulette für ganz unterschiedliche Zwecke mit der Kraft des Mondes aufladen.

Haben Sie sich ein Amulett gewählt, halten Sie es für eine Weile unter Wasser und trocknen Sie es dann mit einem sauberen Tuch. Damit haben Sie das Amulett von anhaftenden Energien gereinigt.

Setzen Sie sich vor den Spiegel und sprechen Sie hörbar, wofür Sie das Amulett einsetzen wollen. Hierdurch bereiten Sie Spiegel und Amulett auf die Energieübertragung vor. Blicken Sie danach in den Spiegel und provozieren Sie eine bilderlose Sicht. Der Spiegel soll sich nur öffnen, sodass Sie in seine Tiefe blicken können. Ist dies geschehen, denken Sie an die Kraft, die Sie dem Amulett zuführen wollen. Sie werden daraufhin auf dem Grund des Spiegels einen sichelförmigen Schein sehen. Es ist ein knappes silberfarbenes Aufleuchten, das für die Kraft des zunehmenden Mondes steht. Es zeigt Ihnen, dass der Spiegel für das Ritual vorbereitet ist.

Legen Sie den Spiegel auf den Tisch und das Amulett auf die Spiegelfläche. Decken Sie danach ein Tuch über Spiegel und Amulett und lassen Sie das Arrangement über Nacht unberührt liegen. Am anderen Tag nehmen Sie das Amulett vom Spiegel, sprechen das Schlusswort und räumen den Spiegel weg. Sie haben jetzt ein sehr starkes Amulett. Halten Sie Ihre Hand über das Amulett, werden Sie seine Kraft als einen warmen Strahl in Ihrer Handfläche spüren.

In dieser Weise können Sie auch für Freunde ein Amulett mit Mondkraft aufladen. Ein solchermaßen aufgeladenes Amulett kann ein geschätztes Geschenk sein. Neben der Mondkraft können Sie zudem spezielle Kräfte anrufen, um sie über den Spiegel auf das Amulett zu übertragen. Wissen Sie zum Beispiel, welches Krafttier Ihrem Freund zur Seite steht, rufen Sie es als Bild oder Symbol im Spiegel auf, ehe Sie das Amulett auflegen.

Den Spiegel mit Zauberkraft laden ∞

Mit seinem Spiegel vollführte mein Großvater auch Zauberhandlungen für seine Klienten. Sehr gefragt waren seine magischen Schutzbriefe. In ihnen schrieb er einen Zauber auf, der alle bösen Kräfte abwies. Solange die Person, für die der Schutzbrief ausgestellt worden war, diesen bei sich trug oder zu Hause verwahrte, blieb sie vor dem bösen Blick, vor Flüchen und anderen üblen Zaubern verschont. Die Zauberkraft für den Brief nahm er vom Spiegel, den er in einem Ritual regelmäßig auflud.

Mein Großvater wartete mit seinem Ritual auf Vollmond. Nach Sonnenuntergang blickte er in den Spiegel. Sobald sich der Spiegel für die Sicht öffnete, sprach er diesen Zauberspruch:

> *Sternenklar beglänzt der dunkle Kreis*
> *mondhell die Kraft in meiner Schau.*
> *Besonnt die Scheibe von fernem Gleiß,*
> *verhaucht, bleibt ihr der Mondin Tau.*

Gleichzeitig zeigte sich ihm die Mondscheibe im Spiegel. Er blickte so lange hinein, bis sie wieder verschwand. Danach legte er den Spiegel über die Nacht ins Fenster seines Zimmers. Vor Sonnenaufgang nahm er den Spiegel aus dem Fenster und verwahrte ihn. Schrieb er dann einen Schutzbrief, wischte er mit seinem linken Ringfinger über die Spiegelfläche und strich danach mit dem Finger über den Brief. In dieser Weise übertrug er die Zauberkraft des Mondes, die er

mit dem Spiegel aufgefangen hatte, auf den Brief. Zu jedem Voll-
mond wiederholte er dieses Ritual und hatte so stets einen mit Zau-
berkraft geladenen Spiegel.

Wiederholen Sie für sich das beschriebene Ritual, legen Sie sich ein Reservoir mit Zauberkraft an. Wie stark diese Energie ist, können Sie zum Beispiel sehen, wenn Sie Ihre linke Hand, nachdem Sie mit dem Ringfinger über den Spiegel wischten, gegen die schwarze Spiegelfläche halten. Sie werden dann Ihre Aura in besonders schönen Farben leuchten sehen.

In der Praxis können Sie diese Zauberkraft, sofern Sie sich magisch betätigen, in jedes Ritual mit einbinden. Darüber hinaus haben Sie eine positive Kraft parat, die Ihnen Schutz gewährt und Ihre Umgebung harmonisiert. Sie müssen dazu nur einmal am Tag mit Ihrem linken Ringfinger über den Spiegel wischen. Mit diesem Finger können Sie die Kraft auch auf andere Menschen übertragen. Hierzu streichen Sie mit dem Finger durch ihre rechte Handfläche. So teilen Sie die Kraft mit anderen. Allerdings sollten Sie zuvor um Erlaubnis fragen. Schließlich ist auch diese kleine Geste ein Zauber.

Papyruszauber ∾

Dieser Zauber heißt so, weil ihn schon Magier im alten Ägypten praktizierten. Sie führten ihn mit polierten schwarzen Steinen als Spiegel durch.

Ziehen Sie sich an Ihren Kraftplatz zurück. Zünden Sie eine Kerze an und räuchern Sie mit Rose oder Jasmin. Schreiben Sie Ihren Zauber mit Bleistift auf ein weißes Papier. Schreiben Sie auf das Blatt alles, was Sie in der Angelegenheit erreichen wollen. Je genauer Sie Ihren Zauber formulieren, desto gezielter wird er am Ende auch wirken.

Beginnen Sie Ihren Text mit dem Satz: »Ich rufe an des Mondes Macht. Ich leite sie in des Spiegels Acht.«

Beschließen Sie den Text mit dem Satz: »Mit diesen Worten sei der Zauber fest beschlossen. Auf dass er wirke, sei er von des Mondes Horn gestoßen.«

Haben Sie Ihren Zauber fertig aufgeschrieben, falten Sie das Papier einmal mit seiner Schrift nach innen und rollen es zu einer fingerstarken Papierhülse. Binden Sie die Hülse mit einem weißen Faden zusammen.

Schauen Sie nun konzentriert in Ihren Zauberspiegel. Sie werden zunächst wieder Nebel sehen, die alsbald von einem kurzen Funkenflug aufgelöst werden. Danach ist der Spiegel klar für Ihre Sicht. Halten Sie jetzt die Hülse vor Ihr linkes Auge und blicken Sie durch sie hindurch in die Spiegelmitte. Sehr bald werden Sie einen heller werdenden Schein durch die Hülse bemerken. Kurz darauf wird ein Lichtfunken aufscheinen. Damit ist der Zauber fast vollendet. Der niedergeschriebene Zauber ist nämlich von der Energie erfasst und gelesen worden. Sie müssen ihn nur noch auf seinen Weg schicken.

Blasen Sie leicht durch die Papierhülse und verschließen Sie danach Ihren Spiegel mit dem Schlusswort. Der Zauber beginnt zu wirken.

Übrigens können Sie die Zauberenergie, sobald sie die Papierhülse verlässt, als helle Lohe im Spiegel sehen. Heben Sie die Papierhülse mit Ihren Zauberworten so lange an einem geschützten Ort auf, bis der Zauber den gewünschten Erfolg zeigte.

Den Papyruszauber direkt zustellen

Ist der Zauber, den Sie formulieren wollen, auf eine Person gerichtet, können Sie ihn ihr auch direkt vermitteln. Hierzu legen Sie die Papierhülse, nachdem der Zauberfunke durch sie blitzte, zur Seite und provozieren eine erneute Sicht im Spiegel. Diesmal rufen Sie die Person im Spiegel auf, sodass ihr Bild oder ihr Zeichen in ihm erscheint. Sobald Sie diese Sicht herstellen konnten, nehmen Sie die Papierhülse und pusten den Zauber durch sie hindurch in das Spiegelbild. Der Zauber wird darauf die Person unmittelbar erfassen und zu wirken beginnen.

Wollen Sie ganz auf Nummer sicher gehen, dass Ihr Zauber die Person erreicht, verbrennen Sie die Papierhülse nach Abschluss des Rituals und übertragen Sie bei nächster Gelegenheit etwas von der Asche auf die Person, die Sie beeinflussen wollen.

Automatischer Zauber ∽

Mit automatischem Zauber ist eine magische Installation gemeint, bei der ein Ritual oder ein Teil eines Rituals so lange wiederholt wird, bis die gewünschte Wirkung eingetreten ist. So werden zum Beispiel Uhrblätter mit Zaubersprüchen beschriftet, damit der Zauber tagaus, tagein in Gang gehalten wird. Auch mit dem Zauberspiegel können Sie einen automatischen Zauber installieren.

Häufig besteht das Verlangen nach einem permanenten Zauber beim Liebeszauber. Dies liegt wohl daran, dass man gerade hier auf Wiederholungen setzt, um die Liebe dauerhaft zu beschwören. Schließlich genügt es niemandem, einmal »ich liebe dich« gesagt zu haben. Diese Zauberworte können nicht oft genug wiederholt werden, um die Kraft der Liebe stets erneut zu beschwören.

Setzen Sie sich an Ihren Kraftplatz und bedenken Sie Ihren Zauber. Versuchen Sie ihn in einen Satz zu gießen. Denn je konzentrierter Ihr Zauber ist, desto eher eignet er sich für den automatischen Zauber. Bemühen Sie sich auch, den Zauber möglichst positiv zu formulieren. Die Erfahrung zeigt, dass positiv formulierte Zauber eher ihre Ziele erreichen. Wollen Sie zum Beispiel, dass Ihr Gegner einen angestrengten Prozess verliert, wünschen Sie sich nicht, dass er den Streit verliert, sondern dass Sie ihn gewinnen.

Haben Sie den richtigen Zauberspruch gefunden, setzen Sie sich vor Ihren Spiegel. Sobald sich der Spiegel geklärt hat, provozieren Sie einen nach links drehenden Wirbel in Ihrer Lieblingsfarbe. Er wird aus einem Funken am Grund des Spiegels entstehen und sich allmählich ausbreiten und verfestigen. Sobald Sie das Gefühl haben, der Wirbel drehe sich aus eigener Kraft, legen Sie den Spiegel auf den Rücken. Blicken Sie dabei weiter auf die dunkle Spiegelfläche. Sie müssten nun den Wirbel über der Spiegelfläche in die Höhe steigen sehen. Ist dies nicht der Fall, stellen Sie den Spiegel wieder auf und führen Sie Ihre Schau fort, bis Sie weitere Gewissheit erlangen, dass der Wirbel aus eigener Kraft kreist.

Sobald Sie den Wirbel über der Spiegelfläche aufsteigen sehen, sprechen Sie langsam Ihren Zauberspruch. Der Wirbel wird daraufhin kräftiger werden. Unterstützen Sie ihn zudem mit Ihren Händen, lassen Sie ihm aus Ihren Handflächen Energie zufließen und wiederholen Sie dabei den Zauberspruch. Der Wirbel wird abreißen und scheinbar im Raum entschwinden.

Stellen Sie Ihren magischen Spiegel wieder auf und blicken Sie in ihn hinein. Sie werden in ihm den gleichen Wirbel langsam weiterkreisen sehen. Sprechen Sie ein drittes Mal Ihren Zauberspruch.

Bedecken Sie darauf, ohne die Schau abzubrechen, Ihren Zauberspiegel mit seinem Tuch und legen Sie ihn an seinen Platz zurück. Der Wirbel wird weiter im Spiegel kreisen und die mit ihm angestoßene Zauberkraft erhalten. Sie können dies leicht überprüfen, Sie müssen dazu nur das Tuch anheben und in den Spiegel blicken. Sie werden den Wirbel ohne die übliche Vorbereitung im Spiegel kreisen sehen. Mit ihm kreist auch Ihr Zauberspruch und die in ihn hineingegebene Energie ohne Unterbrechung fort.

Dauerhafter Geisterbann

Geister werden gerufen und verschwinden normaler Weise wieder, sobald die Sitzung vorbei ist. Doch hin und wieder geschieht es, dass ein Aspekt eines Geistes oder sein Begleiter sich in der realen Welt verfängt oder nicht zurückkehren will. Solche Überbleibsel nehmen wir als Kobold oder Klopfgeist war. Sie schrecken uns und zehren von unserer Energie.

Diese Geister lassen sich mit einem automatischen Zauber unkompliziert und dauerhaft bannen. Hierfür schreiben Sie einen Bannspruch auf einen weißen Zettel, zum Beispiel »+++ Kobold +++ verschwinde +++«, schneiden ihn aus und falten ihn auf Daumennagelgröße.

Beginnen Sie jetzt den Zauber wie zuvor beschrieben. Jedoch stellen Sie den Spiegel nicht mehr auf, nachdem der Wirbel abgerissen ist. Stattdessen legen Sie das Papier auf die Spiegelfläche und sprechen den Zauberspruch ein drittes Mal. Daraufhin wird der Wirbel wieder kurz sichtbar werden und auf den Zettel übergehen. Schließen Sie danach den Spiegel und verwahren Sie den Zettel gut, denn in ihm kreist der Zauber weiter. Somit sind die niederen Geister dauerhaft gebannt!

Ein Wunschzauber ∞

»Das steckt er sich nicht hinter den Spiegel«, so das Sprichwort. Es besagt andererseits, dass es Dinge gibt, die wir gerne dort hinstecken würden. Schließlich blicken wir jeden Tag mehrmals in einen Spiegel und sehen dann zugleich, was wir zur Erinnerung hinter ihm feststeckten. Hinter den Spiegel stecken wir demnach die schönen Dinge, die großen Taten und die guten Wünsche. Haben Sie einen Wunsch, dessen Erfüllung Sie sich herbeisehnen, schreiben Sie ihn auf einen weißen Zettel. Schneiden Sie den Text aus und legen Sie sich diesen Zettel zurecht. Setzen Sie sich dann vor Ihren Spiegel und beginnen Sie mit Ihrer Schau. Stellen Sie sich zunächst den bereits erfüllten Wunsch vor Ihrem inneren Auge vor. Sehen Sie ihn, blicken Sie in den Spiegel. Sobald er sich öffnet, werden Sie das Bild Ihres Wunsches in ihm sehen. Es wird dabei vor einem grünen Hintergrund erscheinen; denn Grün ist die Farbe des Wünschens.

Blicken Sie weiter in den Spiegel und wünschen Sie sich mit ganzer Leidenschaft die Erfüllung des Bildes. Ist Ihre Wunschkraft stark genug, werden Sie eine rote Flamme in der Tiefe des Spiegels sehen. Sie symbolisiert die Kraft, die Ihren Wunsch voranbringt. Sie wird das Bild in Bewegung setzen und weitere Energie in Ihren Wunsch lenken. Sie sehen dies daran, dass das Bild zu kreisen beginnt und in einen grünfarbenen rechtsdrehenden Wirbel übergeht. Sprechen Sie nun Ihren Wunsch aus. Wiederholen Sie ihn mehrmals, bis die rote Flamme in der Tiefe den grünen Wirbel aufgelöst hat. Nun ist Ihr Wunsch eine freie Kraft in den magischen Sphären, die ihrer Verwirklichung zudrängt.

Nehmen Sie den Zettel mit dem notierten Wunsch und legen Sie ihn unter den Spiegel. Bedecken Sie den Spiegel mit seinem Tuch. So wird die Zauberkraft des Spiegels Ihre Wunschkraft weiter nähren. – Sofern es kein unerfüllbarer Wunsch ist, wird er sich alsbald erfüllen.

Spiegelzauber für sich selbst

Wer wahrsagen möchte oder für sich und andere zaubern will, der sollte sich gut kennen. Haben wir uns nämlich selbst erkannt, werden wir auch unsere Mitmenschen leichter erkennen. Zudem wissen wir, wie weit wir uns selbst trauen dürfen, wann wir uns am liebsten täuschen und diesen Täuschungen am ehesten Glauben schenken. Schließlich ist und bleibt das Schwierigste an der Spiegelschau, die eigenen Fehler, Irrtümer und Illusionen rechtzeitig zu erkennen. Versäumen wir dies, verleihen wir ihnen, sobald wir sie deuten, Kraft. Mit ihr stiften wir einen eigenen Zauber, der das Falsche in die Wirklichkeit drängt, wo es Dauer und Bestand erringen möchte. Hierdurch aber schaffen wir uns auch die Grundlagen künftiger Enttäuschungen.

Das beste Mittel, sich selbst und seine Täuschungen bei der Spiegelschau zu erkennen, ist die Spiegelschau. Üben Sie mit Ihrem Spiegel so oft Sie können und bewahren Sie sich eine gesunde Skepsis. Gerade dann, wenn die Bilder problemlos entstehen und die Deutung Ihnen leicht von der Hand geht, sollten Sie misstrauisch werden. Denn dann kann es sein, dass Wunschdenken und verborgene Motive die Sicht lenken. Wie bereits erwähnt deuten rote Einfärbungen, verwaschene oder besonders dominante Bilder auf Täuschungen hin. Es gibt aber auch einige meditative Übungen mit dem Spiegel, die Ihnen Einblicke in die Art und Weise, wie Sie sich selbst an der Nase führen, gewähren. Gleichzeitig führen Sie diese Übungen zu einer verfeinerten und damit wirksameren Spiegelschau.

Große Spiegelmeditation ∞

*»Kann die Spiegelschau mehr sein als nur der Blick in den Spiegel?«
Diese Frage hatte ich meinem Großvater gestellt, nachdem ich mit
dem Blick in den Spiegel schon gut vertraut war. Ich wollte die Sicht
hinter die Dinge auch ohne Spiegel erleben. Meine Intuition sollte
weiter reifen und mich leiten. Ich wusste, dass mein Großvater in
dieser Weise lebte.*

*Mein Großvater lächelte geduldig und meinte: »Es ist wohl an der
Zeit, dass du in den großen Spiegel blickst. Danach wird deine Frage
beantwortet sein.« Er weihte mich darauf in die große Spiegelme-
ditation ein, so nannte er die Übung, und in der Tat fand ich während dieser Meditation eine Antwort. Ich führe diese Meditation
noch heute regelmäßig durch und erhalte immer neue Antworten. In
jedem Fall habe ich seitdem das Gefühl, als führte ich den Spiegel
stets mit mir, denn ich sehe vor meinem inneren Auge häufig Dinge,
die ich ansonsten nur in meinem Spiegel sehen würde.*

○   VORBEREITUNG DES RAUMES. Führen Sie dieses Ritual in
einer Mondscheinnacht durch. Die Mondphase spielt keine
Rolle. Jedoch sollte der Himmel nicht bedeckt sein, da das
Mondlicht den Zauber bescheinen soll. Für diese Übung benöti-
gen Sie etwas mehr Raum als gewöhnlich, denn diesmal soll das
ganze Zimmer, in dem sich Ihr Kraftplatz befindet, zu einem
Zauberspiegel werden. Legen Sie den Spiegel in der Raummitte
auf den Boden. Stellen Sie in einem größeren Kreis um den Spiegel fünf Kerzen auf. Der Kreis sollte so weit sein, dass Sie in ihm
bequem vor dem Spiegel sitzen können. Achten Sie darauf, dass
die Kerzen sicher stehen. Eine Kerze richten Sie zum Fenster aus.
In dieser Weise bilden die Kerzen ein Pentagramm, das zum Fenster ausgerichtet ist. Zünden Sie die Kerzen rechts herum im Kreis
an. Beginnen Sie mit der Kerze im Fenster. Löschen Sie die elek-
trische Beleuchtung.

Setzen Sie sich nun in den Kreis vor dem Spiegel, das Fenster liegt Ihnen gegenüber. Die Vorhänge sind beiseite gezogen, damit das Mondlicht ins Zimmer scheinen kann.

○ DIE SPIEGELAURA FÜHLEN. Beginnen Sie nun mit Ihrer Spiegelschau. Da Sie diesmal schräg auf den flach am Boden liegenden Spiegel blicken, ist die Sicht ein wenig ungewohnt. Mit Ihrer mittlerweile gesammelten Erfahrung sollte Sie dies aber nicht stören. Sobald sich der Spiegel öffnet, konzentrieren Sie sich auf die Aura des Spiegels. Dies ist die Abstrahlung der im Spiegel geborgenen magischen Kraft.

Sie können diese Abstrahlung erfühlen, wenn Sie mit Ihrer Handfläche mit etwas Abstand über die Spiegeloberfläche streichen. Tun Sie dies jetzt. Nehmen Sie beide Hände dazu. Sie spüren förmlich, wie die Aura als warmes Kissen gegen Ihre Handflächen drückt. Führen Sie Ihre Hände höher, lässt dieser Druck erst in gehörigem Abstand zum Spiegel nach. Sie haben den Kernbereich der Spiegelaura erfühlt.

Setzen Sie sich nun wieder bequem zurück und blicken Sie in den geöffneten Spiegel. Streichen Sie sich über Ihr Drittes Auge, dies wird Ihre weitere Sicht beleben. Sie werden jetzt die zuvor ertastete Aura als blaugraue Lohe wahrnehmen. Beobachten Sie sie, werden Sie rasch erkennen, dass sie weit über ihren Kernbereich hinaus strahlt. Sie füllt den Kerzenkreis und reicht noch darüber hinaus. Dies ist die Ausdehnung Ihres Zauberspiegels.

○ DIE MEDITATION. Betrachten Sie weiter die Spiegelaura, konzentrieren Sie sich wieder auf die Lohe des Kernbereiches. Bald werden Sie in ihr Bilder aufsteigen sehen, die aus der weiterreichenden Korona der Aura genährt werden. Es werden vor allem Farben und Bewegungen sein, die Sie beobachten. Sie werden dabei feststellen, dass diese Bilder von sehr persönlicher Art sind. Sie verraten etwas über Ihre Stimmung und Ihre Wesenszüge. Erkennen Sie die Bilder als Ihre Bilder, können Sie auch konkreter werden und sogar für Sie typische Episoden zeigen.

Das Spannende an dieser Sicht in die sich aufspannende Spiegelaura ist, dass Sie sehr genau erkennen, wo Sie zu fabulieren anfangen und die Sicht unbewusst nach Ihrem Selbstbild verfälschen. Diese Bilder verlieren nämlich sofort an Farbe und gehen in Grautöne über. Somit können Sie während der Vision mit sich selbst in Zwiesprache treten, wobei Ihnen der wissende Spiegel die wahren Antworten nicht verschweigen wird.

○   SEIN GESCHICK FORMEN. Sie können auch wie bei der normalen Spiegelschau Fragen zu Ihrem Geschick an den Spiegel stellen und dabei die Sicht lenken. Dies erlaubt Ihnen von verschiedenen offenen Möglichkeiten die Ihnen genehmste hervorzuheben. Hierdurch binden Sie diese Möglichkeit an den Raum und damit in die Wirklichkeit ein; dadurch erhöht sich die Wahrscheinlichkeit, dass sich diese Sicht erfüllen wird, deutlich.

Sie verleihen dieser provozierten Sicht einen noch stärkeren Impuls, wenn Sie dreimal fest in Ihre Hände klatschen. Dadurch geben Sie persönliche Kraft in das Bild.

○   DER MOND ZUM AUSGLEICH. Während Ihrer Sicht werden Sie manches Mal ein Zuviel oder ein Zuwenig an Kraft und Eigenart bemerken. Da kann zum Beispiel zu wenig streitbares Rot oder zu viel soziales Grün in Ihren wahrgenommenen Bildern sein. Konzentrieren Sie sich hierbei von der Lohe weg auf die Korona der Spiegelaura, und nähern Sie sich der Grenze, an der das Mondlicht den Raum erfüllt. Es ist ein silberner Schein, aus dem die Mondenergie in die Korona überfließt. Er umfasst ungefähr den Kerzenkreis. Diese Energie zeigt am Übergang von der einen in die andere Sphäre Farbe.

Diesen Farbfluss können Sie während Ihrer Meditation beeinflussen. Wollen Sie zum Beispiel den Rotanteil in der Spiegelaura erhöhen, achten Sie auf rote Farbe am Sphärenübergang. Sehr bald werden Sie zunehmend Rot aus dem Mondlicht in die Korona überfließen sehen. Ebenso können Sie in umgekehrter Weise Farbe aus der Korona dem Mondlicht zuführen. Hierdurch schaffen Sie einen energetischen Ausgleich, der spürbar lange wirkt. Dementsprechend können Sie sich mit dieser Übung über einen längeren Zeitraum Kraft zuführen.

○   ENDE DER SICHT. Beschließen Sie Ihre Sicht, indem Sie Ihre Augen für eine Weile schließen. Vor Ihrem Dritten Auge werden Sie noch Bilder sehen, die langsam verblassen. Ist die Vision schließlich ausgeklungen, öffnen Sie Ihre Augen, sagen Ihr Schlusswort und bedecken den Spiegel mit dem Tuch. Anschließend löschen Sie die Kerzen in der Reihenfolge, in der Sie sie angezündet haben.

Die andere Seite besuchen   ∞

Ein Wandspiegel lädt dazu ein, sobald man sein Spiegelbild in ihm fixiert, sich selbst aus dem Spiegel heraus zu betrachten. Diese Wahrnehmung entspricht einer Selbstbetrachtung aus einer anderen Sphäre heraus. Wir sehen mit den Augen eines Fremden auf uns. Im Zauberspiegel haben wir dagegen kein klares Spiegelbild. Was wir sehen, ist unsere Silhouette. Sie umreißt nur unser Äußeres, weshalb wir durch sie unser inneres Wesen erspähen können. Dies erlaubt es, uns selbst mit einem besonders wahren Blick zu betrachten. Wir können uns praktisch direkt ins Herz sehen, so wie es kein Außenstehender und normalerweise auch wir selbst nicht können.
Öffnen Sie den Spiegel für diesen tiefen Blick in sich selbst. Sobald er sich klärt, richten Sie Ihre Aufmerksamkeit auf seine Oberfläche. Sie sehen Ihren Schattenriss. Blicken Sie länger auf

ihn, wird er in Bewegung geraten, so als würde er auf Wellen tanzen. Versuchen Sie jetzt den Blick zu wechseln, so als würden Sie sich aus der Tiefe des Spiegels heraus sehen. Ihr Blick fällt durch die Wellen, durch Ihren Schatten auf Sie selbst. Sie sehen sich durch den Spiegel. Sie sehen sich leicht verschliert, schließlich blicken Sie durch die bewegte Oberfläche. Anfänglich wird Ihnen dieser »verkehrte« Blick Mühe machen, doch dann »klickt« es in der Optik und Sie sehen tatsächlich von der anderen Seite auf sich.

Was Sie dann sehen, wird Ihr Geheimnis bleiben. Denn Sie werden auf den Grund Ihres Herzens blicken. Ein solcher Blick ist so ausschließlich, dass er nicht in Worte gefasst werden kann, dafür bewirkt er eine umfassende Erkenntnis, die wir in ihrer Ganzheit erst allmählich mit unseren Gedanken eingrenzen können.

Mein Großvater schaute manchmal in dieser Weise in seinen Spiegel. Drei Tage vor seinem Tod tat er es ein letztes Mal. Danach sagte er zu mir: »Ich habe meine Seele gesehen. Jetzt kann ich ohne Angst um sie sterben.«

Das Praxis-Set
für den Kontakt zur geistigen Welt

mit Buch, Ouija-Brett und Planchette

Eleonore Jacobi
Ouija-Set

Channeln und Lebenshilfe mit dem
magischen Brett. Mit Buch, Ouija-Brett
und Planchette.
ISBN 978-3-7787-7272-0

Ansata